大数据财务分析与企业绩效管理

孙蔚　俞智超 ◎ 主编

江西科学技术出版社
江西·南昌

图书在版编目（CIP）数据

大数据财务分析与企业绩效管理 / 孙蔚，俞智超主编. -- 南昌：江西科学技术出版社，2024. 11.

ISBN 978-7-5390-9295-9

Ⅰ. F275；F272.5

中国国家版本馆 CIP 数据核字第 2024G1W877 号

大数据财务分析与企业绩效管理　　　　　　　　　　　孙蔚　俞智超　主编
DASHUJU CAIWU FENXI YU QIYE JIXIAO GUANLI

出版 发行	江西科学技术出版社
社址	南昌市蓼洲街 2 号附 1 号
	邮编：330009　电话：（0791）86623491　86639342（传真）
印刷	济南文达印务有限公司
经销	全国新华书店
开本	710mm×1000mm　1/16
字数	200 千字
印张	14
版次	2025 年 1 月第 1 版
印次	2025 年 1 月第 1 次印刷
书号	ISBN 978-7-5390-9295-9
定价	68.00 元

国际互联网（Internet）地址：http://www.jxkjcbs.com　　选题序号：ZK2024324　　赣版权登字：-03-2024-369
　　责任编辑：钱伟捷　　　　　　装帧设计：瑞天书刊
　　版权所有　侵权必究
（赣科版图书凡属印装错误，可向承印厂调换）

《大数据财务分析与企业绩效管理》编委会

主　编

　　孙　蔚　山东省水利科学研究院

　　俞智超　云南师范大学泛亚商学院

副主编

　　刘丽英　曲靖职业技术学院

前　言

随着大数据技术的不断发展，传统的财务分析方法正在经历一场深刻的变革。企业不再仅仅依赖于历史数据和财务报表来评估过去的业绩和未来的潜力，而是通过大数据的深度挖掘与分析，洞察隐藏在数据背后的趋势与机遇。

《大数据财务分析与企业绩效管理》一书从大数据背景下的财务分析入手，旨在为读者提供一条清晰的学习路径，从基础理论到实际应用，系统地掌握财务分析的核心理念与方法。本书通过详述财务报表分析的基本方法，引导读者深入理解和运用财务数据，逐步探究企业价值创造的各个层面。无论是资产负债表、利润表，还是现金流量表，每一个财务报表的分析都力求全面而细致，结合财务比例分析的方法，使企业的财务状况更加透明可见。

在大数据时代，财务分析的深度和广度得到了极大的扩展，数据的丰富性和多样性赋予了财务分析新的维度与视角。本书不仅注重传统财务分析方法的讲解，更重要的是将大数据技术与财务管理相结合，探索如何通过数据分析工具提升企业的财务管理水平与决策能力。

本书由孙蔚、俞智超任主编，负责章节大纲及内容的编写；刘丽英任副主编，负责本书校对和统稿。具体分工如下：第一主编孙蔚负责第一章、第二章、第六章、第七章、第十章至第十三章的编写；第二主编俞智超负责第三章至第五章、第八章、第九章的编写。由于编者水平与精力有限，本书编写过程中难免出现不足之处，敬请批评指正，并提出宝贵修改意见。

本书不仅适合财务管理、会计等相关专业的学生阅读学习，也适合企业财务人员、管理人员以及对财务分析与管理感兴趣的读者参考使用。通过本书的学习，读者将能够提升财务分析技能，更好地理解企业运营状况与价值创造过程，为企业的决策与发展提供有力支持。由于互联网技术的发展日新月异，本书中的数据和案例难免存在一定的时效性局限，恳请广大同仁批评指正。

目　录

第一章　大数据财务分析基础 ... 1
第一节　财务分析思路 ... 1
第二节　财务报表分析的基本方法 ... 2

第二章　从财务分析看企业价值创造 ... 6
第一节　财务报表分析主体 ... 6
第二节　企业价值创造 ... 8

第三章　资产负债表分析 ... 11
第一节　资产负债表水平分析 ... 11
第二节　资产负债表垂直分析 ... 16
第三节　资产负债表单项分析 ... 20

第四章　利润表分析 ... 32
第一节　利润表水平分析 ... 32
第二节　利润表垂直分析 ... 33
第三节　利润表单项分析 ... 34

第五章　现金流量表分析 ... 47
第一节　现金流量表水平分析 ... 47
第二节　现金流量表垂直分析 ... 49
第三节　现金流量表单项分析 ... 51

第六章　财务比例分析 ... 56
第一节　企业偿债能力分析 ... 56
第二节　企业营运能力分析 ... 66
第三节　企业盈利能力分析 ... 72
第四节　企业发展能力分析 ... 79

第七章　认知绩效与绩效管理 ... 82
第一节　绩效 ... 82

第二节　绩效管理 86
　　第三节　绩效管理相关知识和误区 92

第八章　绩效指标考评标准 98
　　第一节　绩效指标考评标准 98
　　第二节　定性类绩效指标考评标准 102
　　第三节　定量类绩效指标专评标准 106

第九章　绩效管理制度制定 115
　　第一节　企业绩效管理制度概述 115
　　第二节　绩效管理制度制定的步骤 122
　　第三节　绩效管理制度框架内容 127

第十章　绩效计划 139
　　第一节　绩效计划的概念及内容 139
　　第二节　绩效计划在绩效管理系统中的作用 142
　　第三节　绩效目标的概念及内容 144
　　第四节　绩效计划制定的步骤和内容 152

第十一章　绩效辅导 166
　　第一节　绩效辅导的概念 166
　　第二节　绩效辅导的内容 168

第十二章　绩效考核 187
　　第一节　绩效考核的概念 187
　　第二节　绩效考核的实施步骤与内容 188
　　第三节　绩效考核中需要注意的问题 196

第十三章　绩效改进与结果应用 198
　　第一节　绩效改进 198
　　第二节　绩效结果应用 204

参考文献 217

第一章 大数据财务分析基础

第一节 财务分析思路

财务报表分析是一个系统性的过程，其中涉及对财务报表数据的精确处理、详尽分析、深入比较、公正评价和合理解释，以期能够全面且准确地反映公司的业务状况，揭示其战略选择，并评估在特定市场环境下的表现是否稳健与合理。

财务报表是依据会计核算资料，遵循既定的格式、内容和编制方法，定期制作的文件，旨在全面展示公司在特定时点的财务状况以及在特定时段内的经营成果和现金流量情况。通常，财务报表由资产负债表、利润表、现金流量表、所有者权益变动表以及附注组成，亦即俗称的"四表一注"。根据定义，财务报表体现了会计人员依据公司所处的商业环境和战略规划，对某一会计期间内的业务数据进行规范的会计准则处理，包括统计、汇总和核算，最终形成的高度概括和总结的数据报告。该报告揭示了公司在该会计期间的财务状况、经营业绩和现金流动情况。

通过分析财务报表，读者能够从多个维度理解公司业务活动的特性，评估公司的经营绩效，并识别出公司运营过程中潜在的问题。因此，编制财务报表是将公司业务信息从具体细节提炼至抽象概念的过程，而财务报表分析则是将这些信息从抽象概念还原至具体细节的过程。这两个过程互为逆向，其对比可参见图1-1。

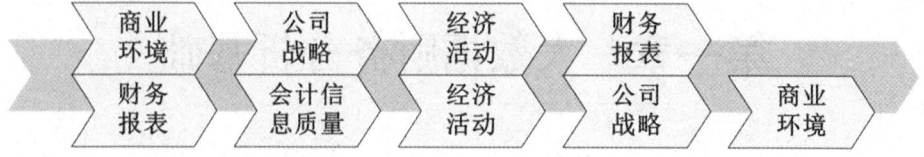

图1-1 财务报表生成过程和财务报表分析过程对比

在财务报表的深入剖析中,其核心聚焦于评估会计信息的可信度,即验证公司财务报表的编制是否遵循了正当、合法及合规的原则。这也是上市公司为何必须将其财务报表交由独立的会计师事务所进行审计的根本原因。经过审计的财务报表,凭借专业且独立的第三方验证,能够显著增强报表信息的真实性、精确性和完整性。因此,财务报表的分析流程也必然涵盖对审计意见的细致解读,以有效规避会计信息中潜在的误导因素。

第二节 财务报表分析的基本方法

一、比较分析法

对比分析法,又称之为比较分析法,其核心在于将企业的具体财务指标与设定的比较标准相对照,以发现两者之间的偏差。通过这一过程,可以系统地评估企业的财务状况及经营绩效。该方法构成了财务报表分析领域中最核心且基础的工具之一。

(1)依据不同的参照标准,比较分析法可细分为实际数值与预算数值的对比、本期指标与历史指标的对比,以及本企业与国内外同行业平均水平或先进水平的对比。

（2）依据对比方式的差异，比较分析法可分为水平对比法与垂直对比法。

①水平比较法，也称横向比较法，将企业当前会计期间的财务指标与过往会计期间的相应指标进行对比分析，以此研究企业在不同会计期间各项财务指标的变动情况。其核心在于对不同时期相同数据项进行比较。

②垂直比较法，也称纵向比较法或共同比分析法，是指通过将同一财务报表中各项目的数据与报表总体数据进行比较，进而分析各项目在总体中的相对重要性的分析方法。

（3）比较分析法是财务分析中常用的工具，它通过两种主要方法来揭示数据背后的信息。绝对数比较法侧重于直接对比财务报表中的绝对数值，以此来观察和评估事物的增减趋势及其影响。而相对数比较法则更进一步，它通过计算和比较相关数据的比率，从而深入剖析事物之间的内在联系，弥补了单纯依靠绝对数分析可能遗漏的关键信息。

二、比率分析法

比率分析法通过计算和分析不同财务指标之间的比率，为企业提供了对其财务状况和经营业绩进行全面评估的手段。在我国，财务比率通常被划分为四大类：盈利能力比率、偿债能力比率、营运能力比率和发展能力比率。盈利能力比率展示了企业赚取利润的能力；偿债能力比率则揭示了企业偿还债务的稳健性；营运能力比率关注企业资产的利用效率；而发展能力比率则预测了企业未来的增长潜力。

三、百分比分析法

百分比分析法是一种通过计算财务指标的百分比值来评估企业财务结构状况的方法。相关计算步骤如下所示。

$$结构相对数=部分/总体\times 100\%$$

财务报表分析中的结构百分比是指通过特定方法计算得出的财务指标。资产负债表结构百分比是对资产负债表各项的占比进行计算，从而了解公司资产负债结构的分布情况。而利润表结构百分比则是通过计算各项费用与销售收入的比重，来评估公司的盈利能力和成本控制情况。

四、因素分析法

因素分析法是一种系统化的方法，用于深入分析财务指标背后的驱动因素。通过这种方法，可以识别出各个因素对财务指标的影响程度，从而有效地优化财务管理和决策。连环替代法是因素分析法中的一种常用方法，通过分解复杂的财务指标并逐步替代基准值，可以测量出各个因素对财务指标的具体影响。连环替代法的一般步骤如下。

（1）在全面审视综合指标构建流程的基础上，需系统识别并明确各影响因素对该项指标的制约作用，进而深入剖析财务指标与诸影响因素之间的内在联系与机制。随后，依据此等分析，科学构建并确立相应的分析计算模型与公式。

（2）基于综合指标内各因素之间的内在逻辑联系，明确阐述基准值与对比值之间差异计算的数学公式。

$$差异值=比较值-基准值$$

（3）依照构成综合指标的各个因素的排列顺序，依次用比较值中的各因素替换基准值中的对应因素，并计算每次替换后所产生的结果。

（4）对替换各因素后所得结果值进行依次比较，以计算出各个因素变动对综合财务指标所产生的影响程度。

（5）将各因素变动所产生的影响数值进行累加，以检验其总和是否与总差异相符。

财务指标与其相关因素之间的关系可以用等式来表示，等式中的变量包括实际指标（P_O），标准指标（P_S），以及影响实际指标（A_O、B_O、C_O）和标准指标的因素（A_S、B_S、C_S）。

$$实际指标 P_O = A_O \times B_O \times C_O$$

$$标准指标 P_S = A_S \times B_S \times C_S$$

显而易见，实际指标与标准指标之间的总差异为 $P_O - P_S$，此总差异同时受到 A、B、C 三个因素的共同作用，其各自的作用程度可通过以下方式进行计算得出。

A 因素变动的影响数：$A_O \times B_S \times C_S - A_S \times B_S \times C_S$

B 因素变动的影响数：$A_O \times B_O \times C_S - A_O \times B_S \times C_S$

C 因素变动的影响数：$A_O \times B_O \times C_O - A_O \times B_O \times C_S$

将以上三大因素各自的影响数相加就等于总差异 $P_O - P_S$。

第二章　从财务分析看企业价值创造

第一节　财务报表分析主体

一、投资者

作为企业的投资者,股东或所有者对企业的财务表现和风险承担有着深切地关心。他们需要通过财务报表分析来评估企业的当前和未来的财务状况,以便做出明智的投资决策。财务报表分析为投资者提供了一个全面的框架,回答他们三个关键问题:企业的收益水平是否稳定和可持续,财务状况是否健康以及资本结构是否合理,最后,企业在行业中是否具有竞争优势。

二、债权人

作为企业的债权人,他们的主要关注点是企业的偿还债务能力。债权人需要通过财务报表分析来评估企业的财务状况,以便做出明智的信贷决策。财务报表分析为债权人提供了一个全面的框架,帮助他们回答四个关键问题:企业为什么需要额外资金,企业如何偿还债务,企业的偿还记录如何,以及企业未来可能需要多少资金。通过对这些问题的回答,债权人可以更好地评估企业的信用风险和偿还能力,从而做出更准确的信贷决策。

三、管理者

企业管理层受企业所有者之托,对企业日常运营中的各类经济活动实施周密的管理与监控,以期达成企业价值的最大化。管理层尤为关注企业的财务健康、盈利效能及长远发展潜力。他们具备获取并分析企业内部独有信息的优势,而对财务报表的深入剖析,正是为了指导经营决策,促进企业持续改进。

四、政府机构

企业财务报表不仅仅是企业内部管理和外部投资者了解企业经营状况的工具,同时也受到政府机构的重视。政府机构,作为维护市场经济秩序和社会公共利益的重要力量,需要利用企业财务报表履行其监督管理职责。

五、其他主体

除了政府机构和投资者之外,企业财务报表的使用者还包括企业客户、员工、竞争对手以及社会公众等。这些主体需要通过财务报表分析来了解企业的财务状况,以便做出相应的决策。

第二节 企业价值创造

一、管理者视角的企业价值创造

企业管理者拥有信息优势,能够全面掌握企业状况,并据此对企业的未来进行准确预测,进而采取有效措施以促进企业价值的增长,履行管理者的职责,并实现企业与个人目标的共同成功。从管理者的角度出发,以下三点可作为分析企业价值创造的切入点。

一是掌握企业产品状况,主要通过对产品的营收、毛利率及净利润这三个关键指标的分析,以评估企业的竞争优势及确定改进路径。

二是企业财务资源的盘点和管理是实现企业价值最大化的关键步骤。通过详细分析和管理现金、存货及应收账款等流动资产的周转效率,以及监控流动债务的还款压力,管理者能够准确判断企业的财务健康状况和可利用资源,从而进行最优的资源配置。

三是预测企业前景是管理者规划未来发展和价值增长的重要手段。这一预测分为财务状况和经营成果两个维度。财务状况的预测关注于在现有资源基础上,通过有效管理和策略调整后,企业资产和负债可能达到的规模,象征着企业的财务健康和潜在价值。而经营成果的预测则着眼于这些资源和策略将如何转化为具体的收入和利润,反映了企业在市场中的实际表现和竞争力。

管理者凭借对企业价值创造各环节的全面洞察,可有效促进资源的最佳配置;企业外部观察者则能通过解析企业公开的数据,洞悉管理者所关注的各类指标,进而模拟企业价值创造过程,以此增强自身的管理效能及投资决策能力。

二、投资者视角的企业价值创造

投资者在判断企业是否值得投资时面临多重挑战,包括信息获取的局限性、自身分析能力的不足,以及外部信息环境的复杂性。这些因素使得企业价值的精确评估变得困难。针对这一问题,采用经过市场验证的关键财务指标和评估模型,可以帮助投资者更有效地穿透表面的信息雾霾,做出更为准确的投资判断,从而为企业的价值增长提供方向和依据。

(一)净资产收益率

净资产收益率(Return on Equity,ROE)作为评估企业盈利能力的重要标尺之一,其计算方法是将企业净利润与股东权益进行比例运算所得。

$$净资产收益率 = 净利润 / 平均净资产 \times 100\%$$

净资产收益率,如同考核企业运用股东资金"赚钱能力"的成绩单,分数越高,代表企业"生钱"能力越强,投资回报率越高。它不仅是反映企业整体经营状况的综合指标,更是财务分析模型中的核心要素,被广泛应用于股票投资分析领域,成为投资者判断企业盈利能力和投资价值的重要参考依据。

(二)市盈率

市盈率(Price to Earning,PE),就像一把尺子,用来衡量投资股票需要多少年才能回本。它简单直观地告诉投资者,在理想状况下,以当前股价买入股票,多久才能通过股息收回成本。一般来说,市盈率越低,意味着投资回报周期越短,风险越低,股票的投资价值就越高,就像商家打折促销,同样的商品,价格越低越划算。当然,投资决策还需要考虑其他因素,市盈率只是众多参考指标之一。计算公式如下。

$$市盈率(静态市盈率) = 普通股每股市价 / 普通股每股收益$$

在使用市盈率评估不同股票的投资价值时,选择同一行业的股票至关重要,这是因为同行业公司面临相似的商业模式和市场环境,从而确保了更有效地比较。市盈率虽然是一个普遍使用的指标,但其准确性可能受到行业周期性和企业成长预期的影响。通常,成长性较高的行业如科技,其企业的市盈率较高,反映出投资者对其未来收益的乐观预期;相反,成熟或增长缓慢的行业如钢铁,其市盈率则相对较低,因为预期的增长潜力有限。

(三)市净率

市净率通过比较股票的市场价格和公司每股净资产来衡量。一般来说,较低的市净率可能表明股票被低估,因此具有较高的投资吸引力。然而,这一指标的有效性也受到其他重要因素的影响,如当前市场环境、公司的经营状况以及其盈利能力。市净率的计算公式如下。

$$市净率=每股市价/每股净资产$$

市净率作为一种有效的财务指标,能够较为准确地体现"投入与回报成正比"的原则,有助于投资者评估投资风险,并识别那些以较低成本投入即可实现较高收益的上市公司。

(四)综合经济指数

综合经济指数是一个复合指标,它通过统计学方法将一系列经济效益指标进行标准化和加权平均,从而提供一个单一、综合的度量值,用以评估经济活动的总体价值创造水平。这种指数的计算不仅涵盖了多个不同性质和计量单位的经济数据,还通过加权处理确保了各个指标的贡献被适当反映。

第三章 资产负债表分析

第一节 资产负债表水平分析

一、资产负债表水平分析概述

资产负债表水平分析是一个重要的财务分析工具，用于从宏观角度评估和理解公司的资产、负债和所有者权益的变化。此分析方法通过比较不同时间点的资产负债表数据，揭示和分析这些变动之间的差异及其成因。通过将实际数据与某一标准或先前时期的数据对比，分析师可以编制出一份详尽的水平分析表，进而深入理解财务状况的变化趋势和潜在问题。资产负债表水平分析通常有以下两种方法。

（一）比较分析法

比较分析法通过对比不同时间点的财务报表，分析师可以追踪特定财务项目的变化和发展趋势，进而识别出业务运营中可能存在的问题或改进机会。此外，通过研究不同财务项目之间的相互关系，此方法还能揭示更深层次的结构性问题或潜在风险，从而为决策提供支持。

（二）指数趋势分析法

指数趋势分析法为应对多年财务数据分析的复杂性，提供了一种有效的解决方案。该方法通过选择一个基期并将其数据设定为100，然后将后续年份的数据转化为相对于基期的百分比，从而简化了数据的比较和趋势分析过程。

进行资产负债表水平分析时，必须依据分析的具体目标来确定比较的基准（即基期）。

在分析过程中，若旨在揭示资产负债表实际变动情况并探究产生差异的原因，应以资产负债表的上一年度实际数据作为比较基准。若旨在揭示资产负债表预算或计划的执行状况并分析影响其执行的因素，应以资产负债表的预算数据或计划数据作为比较基准。

在进行资产负债表水平分析时，除了需计算特定项目的变动额度及其变动比率之外，还应进一步计算该项目变动对总资产或所有者权益总额的影响程度。这一过程有助于识别对总资产或所有者权益总额产生重大影响的关键项目，为深入分析提供明确的方向。计算某项目变动对总资产或所有者权益总额的影响程度，可依据以下公式进行。

某项目变动对总资产或权益总额的影响=某项目的变动额/基期总资产×100%

年　月　日

金额单位：元

资　产	年　末	年　初	变动额
流动资产：			
货币资金			
交易性金融资产			
应收票据			
应收账款			
预付款项			
其他应收款			
存货			
其他流动资产			

图 3-1　资产负债表中流动资产的构成

在进行资产负债表的流动资产水平分析时,详细地比较和评估各组成部分的年初与年末数值变化至关重要。这包括对货币资金、交易性金融资产、应收票据、应收账款、预付款项、其他应收款、存货及其他流动资产等的详细审查。资产负债表中流动资产的构成如图3-1所示。

二、资产负债表水平分析评价

企业总资产的规模是衡量其经营能力的重要指标,与企业的经营规模紧密相关。规模过小可能影响企业满足日常经营需求,而规模过大则可能导致资源浪费和资金周转效率低下。因此,企业必须根据其业务需求和市场条件精确调整资产规模。此外,企业的资产购置通常依靠举债或吸收投资两种方式,这两种融资方式分别影响企业的负债结构和股权结构。

(一)从投资或资产角度进行分析评价

对企业的投资或资产进行深入分析和评价应从四个主要方面进行:第一,分析企业总资产及其组成部分的变动,这有助于揭示资产配置的主要变化及其对企业整体资产状况的影响;第二,评估这些变动的合理性和效率,确保资产的调整与企业的长期战略和市场需求相匹配;第三,分析会计政策的变更及其对资产评估的影响,了解政策调整对财务数据的具体影响;第四,特别关注那些变动幅度大或对总资产有重大影响的资产项目,以识别可能的风险或机会。

(二)从筹资或权益角度进行分析评价

从筹资或权益角度对企业进行分析评价时,需要综合考虑多个方面。第一,通过分析权益总额及其各类筹资方式的变动,可以揭示企业在一定时期内权益结构的主要变化。第二,关注那些对权益总额变动影响较大的筹资类别和项目是理解企业财务状况变动的关键。第三,评估权益变动对企业未来经营的影响至关重要，尤其是在资产和负债的增长对比中，可以观察到企业在筹资策略上可能的侧重点，如倾向于通过增加债务来扩大资产规模，这虽然可能带来税收优势，但也可能增加偿债压力。第四，表外业务的分析也不可忽视，因为这些活动可能对企业的财务健康和风险暴露程度产生重大影响。

三、资产变动的合理性与效率分析评价

企业获取和管理资产的根本目的在于通过高效地利用这些资产来推动经营活动，实现企业战略目标。资产的每一次变动都应当促进企业的整体效率，因此，对资产变动的合理性进行严格的分析评估是至关重要的。这一分析通常涉及将资产变动与企业的产值、销售收入、利润和经营活动现金净流量等关键财务指标进行比较。通过这种比较，可以明确资产变动是否促进了资源的更有效利用，从而提高整体经营效率。

四、权益资金变动对企业未来经营影响的分析评价

（一）举债

当企业资产规模出现变动之际，企业可采取借贷手段以满足其资金需求，此乃一种外延式扩大再生产方式。此举对企业未来经营可能产生的影响包括但不限于以下几种情形。

1.负债比重提高，债务负担加重

在企业经营和财务策略中，举债是一种常见的资金筹集方式。然而，当企业在其他权益资金保持不变的情况下增加借债，其资产负债率会随之提高，这不仅改变了企业的资本结构，还增加了财务风险。

2.资金制约

理论上，每家企业都有一个债务上限，这是基于其财务状况、偿债能力

和市场条件等因素确定的。当企业为了满足投资需求而增加债务时，可能会很快触及这一上限。一旦达到或接近债务上限，企业将面临资金筹集的挑战，因为它们将无法再通过进一步增加债务来获得必要的资金。

3.财务杠杆作用加大

借助负债经营能够放大企业的财务杠杆作用，这在理论上可以增强企业的投资回报能力。然而，这种策略只有在企业的总资产报酬率持续超过其负债利息率时才能确实带来益处。因此，在决策负债筹资时，企业不仅要考虑即时的资金需求，更重要的是要评估其长期盈利能力和财务稳定性。这样做可以防止企业因杠杆过高而面临财务困境，尤其是在市场不稳定或经济下行时期。

4.负债能够约束经理人员的自利行为，产生治理效果

企业负债水平的上升，将增加其破产风险，从而对企业管理人员形成一种约束机制。

（二）追加投资

企业为了扩大其经营规模，常采用投资人追加投资的方式，这不仅为企业提供了必要的资金支持，也是实现外延型扩张的一种有效手段，但可能对企业未来的经营产生以下影响。

1.资金制约

投资人追加投资有其局限性，因为一个企业可利用的投资人数量是有限的，这些投资人所能提供的资本也有其上限。

2.筹资策略运用不当会失去投资人的支持

投资人追加投资这种策略能够直接增加企业的资本基础，支持其扩张计划。然而，如果这种筹资方式运用不当，可能对企业及其投资人产生不利影响。例如，频繁地求助于投资人追加投资可能会导致投资人的股份被不断稀释，从而影响投资回报和对企业的控制权。

3.有助于企业财务实力的提升

投资者的资金注入构成了企业成立的根本条件，而其投资额度则直接反映了企业的财务实力。

第二节 资产负债表垂直分析

一、资产负债表垂直分析概述

垂直分析法是一种财务分析技术，通常应用于资产负债表或损益表，用于评估各个项目占总资产或总收入的比重。这种分析方法可以帮助分析师、管理者和投资者更好地理解财务报表中各项数据的相对重要性和比例结构。下面是垂直分析法的主要步骤。

第一，选择基准：在进行垂直分析时，首先需要选择一个合适的基准。对于资产负债表，通常以总资产作为基准；对于损益表，则以总收入或销售收入作为基准。

第二，计算比例：对于资产负债表中的每一项资产和负债，计算它们占总资产的百分比。对于损益表，计算各项费用、成本、收益等占总收入的百分比。公式通常为：（单项数值/基准数值）×100%。

第三，分析比例：分析各项数据的比例，理解每个项目相对于基准的重要性和变化趋势。例如，在损益表中，可以观察营业成本占总收入的比例变化，以判断成本控制的效果。

第四，比较时期：将当前期的垂直分析结果与前期或行业平均水平进行比较，识别和解释重大变化或偏差。这有助于评估企业的经营状况和财务健康水平。

二、资产负债表垂直分析评价

（一）从资产结构进行分析评价

企业资产结构分析可从静态和动态两个角度进行。静态分析主要关注企业当前资产的配置，包括流动资产和非流动资产各自以及其内部关键项目的比重。这一分析通过将企业的数据与行业标准或相似企业进行比较，帮助评估企业资产的流动性和风险水平，从而对资产结构的合理性做出判断。动态分析则关注资产结构随时间的变化，评价企业在应对市场和经营挑战时资产配置的稳定性和调整策略的有效性。

（二）从资本结构进行分析评价

企业资本结构分析是一个多维度的评估过程，包括静态和动态两个角度。静态分析主要关注企业当前资本的构成，通过衡量财务实力和风险来评估资本结构的效率和合理性。这包括考虑企业的债务水平和股本结构，以及这些因素如何影响企业面对经营挑战的能力。动态分析则关注资本结构随时间的调整和变化，特别是这些变动如何影响股东的潜在收益。

（三）资产负债表整体结构的分析评价

资产负债表的整体结构分析是一个系统的评估过程，涉及对企业资产和资本结构之间相互依存的关系的深入了解。第一，企业的资产结构通常与其所属行业的性质密切相关，因为不同行业对资金的需求和融资方式各不相同。这种依存关系是分析企业如何配置其资源以应对行业需求的关键。第二，通过评估企业资本和资产结构的配置，可以对其财务表现的效果进行预测。

资产负债表的整体结构可以大致分为两种表现形式，即稳健结构（图 3-2）和风险结构（图 3-3）。在稳健结构中，企业的流动资产部分由流动负债支持，其余部分由非流动负债支持，这种结构通常表明企业有良好的短期偿债能力且长期资金安排合理。相反，风险结构中，流动负债的使用范围更广，不仅覆盖流动资产的需要，还扩展到部分非流动资产的资金需求。这可能表明企业在短期资金管理上存在较高风险，因为对流动负债的依赖较大，可能在资金流动性或偿债压力上面临挑战。

流动资产	临时性占用流动资产	流动负债
	永久性占用流动资产	非流动负债
非流动资产		所有者权益

图 3-2 稳健结构的资产负债表框架

流动资产	流动负债
非流动资产	非流动负债
	所有者权益

图 3-3 风险结构的资产负债表框架

三、资产结构、负债结构和所有者权益结构的具体分析评价

（一）资产结构的具体分析评价

企业资产结构的分析评价是确保企业财务健康和操作效率的关键。第一，分析经营资产与非经营资产的比例。非经营资产的过多可能掩盖了企业实际的经营效率和能力。第二，固定资产与流动资产的比例需要保持在一个合理的范围内，以支持企业的持续生产活动并管理经营风险。固定资产虽然能够带来较高的盈利，但其流动性较差和风险较高，而流动资产虽然盈利能力较弱，却能提高企业的流动性和应对短期财务压力的能力。第二，对流动资产内部结构的详细分析可以揭示资产的流动性和短期财务健康状况，是评估企业短期经营能力的重要指标。

（二）负债结构的具体分析评价

企业的负债结构是其财务策略的核心组成部分，直接影响企业的财务健康和长期稳定性。一个有效的负债结构分析需要综合考虑多个维度，包括负债的总规模、成本、偿还期限、与经济环境的关联以及企业的整体筹资政策。这些因素共同决定了企业如何平衡短期流动性需求与长期资金成本，以及如何在不增加过度财务风险的前提下，有效利用负债以支持业务扩展和增长。

负债的期限结构，即流动与非流动负债的比率，是评估企业偿债能力和财务灵活性的重要指标。

（三）所有者权益结构的具体分析评价

所有者权益结构不仅影响企业的资金成本，还关系到企业的控制权和利润分配机制。有效的所有者权益结构分析需要综合考虑权益总量、利润分配政策、控制权配置、资金成本及经济环境等多个维度。这种分析帮助企业优化其权益资金结构，确保资金来源的多样性和成本效益，同时维护股东之间的权利平衡。

第三节 资产负债表单项分析

一、货币资金分析

（一）分析货币资金需要关注三个问题

货币资金是企业生产经营和资金周转的关键要素，有效管理这一资源对企业的财务健康至关重要。在分析企业的货币资金时，首先需要识别出受限制的资金，这些资金虽然属于企业，但因各种约束不能自由使用，影响企业的流动性。其次，企业可能为了提高资金使用效率而将部分货币资金用于短期理财投资，这需要在评估企业流动性时予以考虑。最后，关注货币资金的来源也极为重要，特别是在财务报告期末，企业可能通过借入资金的方式来美化财务状况。

（二）货币资金发生变动的原因

货币资金的变动反映了企业在市场和内部管理策略上的动态调整。主要变动原因包括销售规模的扩张或收缩，这通常是现金流入变化的直接来源；信用政策的调整，这影响了收款的时效性和流动性；为大型支出项目如资本支出或债务偿还做准备；及时有效的资金调度，确保资金的充分利用和成本效益；以及筹集的资金因暂时未投入使用而导致的现金积累。

二、存货分析

存货不仅是企业日常运营中盈利的直接来源，而且在资产负债表中占据了显著的比重。由于存货的会计处理具有较大的灵活性，这为企业提供了调整财务报表以反映更有利财务状况的机会，但同时也带来了潜在的财务误导风险。因此，存货的管理质量直接关系到企业的财务健康和风险控制。

（一）存货构成

存货在企业的生产经营中占据重要地位，涵盖材料、在产品和产成品等多种类别。分析存货时应从规模变动和结构变动两个方面入手。对于存货规模，需要考虑企业所处行业的生产经营特点、上下游行业的联动效应以及与供应商和客户的关系。对于存货结构，应根据不同存货在生产过程中的作用，确保各类存货保持在合理的水平。例如，库存商品和发出存货应维持在流通所需的合理范围内，而材料类存货则需保持在能够维持正常生产的最低水平。

（二）存货可变现性分析

在处理企业的存货评估时，《企业会计准则》要求使用成本与可变现净值孰低法来确定存货的期末计价，并对可变现净值低于成本的存货计提跌价准备。这一规定虽然旨在保证财务报表的准确性和公正性，但实际操作中容易受到主观判断的影响，从而影响准备的合理性。因此，企业和审计者需要特别警觉于存货评估和跌价准备的计提是否被用作操纵利润的工具，如掩盖实际亏损或为未来的利润操纵预留空间。同时，企业还应透明地披露与存货相关的担保和抵押信息，这些信息对评估存货的风险和保值性至关重要。

（三）存货周转性分析

存货周转率是评估企业存货管理效率的一个关键指标，它不仅能显示出企业在将存货转化为现金或应收账款的速度，还反映了企业资金占用的效率和流动性的强度。一个较高的存货周转率通常意味着企业在一定时期内能实现更高的盈利水平，因为资金循环更快，可以更频繁地进行销售和生产活动。然而，过高的存货周转率也需谨慎对待，因为它可能是由于企业采取了过于宽松的信用政策所致，这样的策略虽然可以短期内提升销售，但也可能带来较高的坏账风险。

三、应收款项分析

（一）应收账款和应收票据

应收账款和应收票据是企业提供商业信用产生的，一般与企业的经营方式、所处行业和采用的信用政策直接相关。

分析应收账款可以从以下三个方面进行。

一是应收账款是企业在进行赊销活动时形成的，其规模的变化直接反映了企业销售活动和信用政策的调整。理解应收账款的规模及其变化对于评估企业的财务健康和经营效率至关重要。一个健康的应收账款增长应与企业的销售收入增长相匹配。如果应收账款的增长超越了销售收入或其他相关财务指标的增长，这可能是信用政策过于宽松或收账效率低下的信号。此外，企业还需密切监控客户的支付行为，特别是那些财务状况可能影响债务偿还能力的客户。

二是核查是否通过应收账款调整盈利。上市公司有可能通过应收账款来调整盈利状况，在进行应收账款分析时，应特别留意是否存在以下情况：首先，分析应收账款和营业收入的增长关系是关键，如果这两个指标呈现出异常的同步大幅增长，这可能是公司在试图通过增加应收账款来人为提高销售收入，从而美化利润表现。其次，高比例的关联方应收账款需要特别注意，因为这可能涉及利益输送或其他不透明的财务操作，这样的操作可能扭曲了公司的真实经济状况。最后，大额的应收账款冲销可能是公司在清理旧账的同时，调整当期利润的迹象。

三是开展应收账款账龄分析工作。通过对应收账款的账龄进行细致分析，能够评估应收账款的品质状况。

(二) 其他应收款

在实际操作中，这一项目可能涉及企业间或内部的多种往来事项，但也存在被用于不当财务操作的风险，如通过关联方资金调度或调整利润等方式。因此，对其他应收款的深入分析应包括监控其规模和变化，详细审查其构成内容，以及评估与关联方的往来和会计政策变更的影响。特别是在分析时，要警惕大股东或关联方可能的不当占款行为及任何违规资金操作，以维护企业的财务健康和股东利益。

另外，存在以下情况可能表明其他应收款隐藏有风险。

第一，组成多样，涵盖了许多可能与主营业务关联不大的财务事项，如赔款、罚款及各类预付款项等。企业理应控制这一项目的规模，维持在一个相对较低的水平，以优化资金运用效率并降低相关风险。

第二，当其他应收款快速增长或占比异常时，这通常是企业潜在财务问题的信号，如资金被不当占用或用于非核心业务的隐性投资。

在财务报表分析中，其他应收款虽然可能在数额上不占主导地位，但其变化和比重的监控却是评估企业财务健康的关键。特别是当其他应收款相对于总资产的比例异常增高或持续上升时，这通常是企业可能面临财务困境的早期警示。这类增长可能涉及资金管理不善、资金占用或其他不规范的财务操作，这些都可能对企业的财务稳定性构成威胁。

四、固定资产分析

固定资产是企业资产结构中的重要组成部分，其主要包括长期使用的非货币性资产如房屋、机器和运输工具等。这些资产通常具有高价值和长期使用的特性，是企业持续经营和生产的基础。固定资产的长期服务能力使其在企业的生产和运营活动中发挥核心作用，同时也意味着其价值在使用过程中通过折旧逐渐转移至产品，反映在企业的财务报表上。管理固定资产不仅需要关注其购置和维护,还涉及合理计算和处理折旧,确保资产价值的准确反映。

(一)固定资产规模及变动分析

固定资产的规模可通过对其原值与净值的分析来考察。首先,需探究固定资产原值变动之根本原因,如图 3-4 所展示。其次,对固定资产净值变动之主要因素进行剖析:此变动或由原值之波动引起,或由固定资产折旧之变化所致。

固定资产原值增加	固定资产原值减少
➢投资转入固定资产	➢出售转让固定资产
➢自行购入固定资产	➢投资转出固定资产
➢自建、自制固定资产	➢固定资产报废清理
➢融资租入固定资产	➢固定资产盘亏或损毁
➢接受捐赠固定资产	➢发生非常损失
➢固定资产盘盈	➢其他原因
➢其他原因	

图 3-4 固定资产原值变动的主要原因

(二)固定资产结构及变动分析

固定资产根据使用情况和经济用途可分为多种类型,包括生产用、非生产用、租出、未使用以及不需用固定资产。在进行固定资产结构分析时,应重点关注以下三个方面:生产用与非生产用固定资产的比例变化情况,未使用和不需用固定资产的比例变化情况,以及固定资产的内部结构是否合理。

(三)舞弊风险识别

固定资产和在建工程常成为上市公司财务舞弊的重点领域,识别这些风险需要进行全面分析。首先,通过监控这些资产类别在总资产中的比例变化,可以及时发现异常波动,进一步探究背后的原因。其次,观察固定资产和在建工程的规模变化趋势对于评估其合理性至关重要。此外,深入分析固定资产的内部结构，特别是通过多年财务数据的比较，有助于揭示如资产虚增等潜在问题。最后，将固定资产及在建工程的变动与公司收入增长的关系对比，可以帮助判断增资是否真实反映了业绩提升。

五、负债项目分析

（一）短期借款

1.关注短期借款规模及变动情况

短期借款的变动趋势是分析企业流动性和日常运营管理效率的重要指标。当企业的短期借款呈上升趋势时，这常常是一个警示信号，表明企业可能面临营运资金的短缺，需要依赖外部借款来满足日常运营的资金需求。相反，短期借款的减少则表明企业在财务管理上相对健康，能够依靠内部生成的现金流来维持运营并逐步减少债务负担。如果短期借款保持稳定，这可能意味着企业已经实现了收支平衡，拥有足够的现金流来支持其运营活动。

2.关注短期借款用途

短期借款的主要作用是满足企业的即时资金需求，支持其日常运营和短期财务需求。正确的做法是企业按照借款协议中规定的用途使用这些资金，以确保资金的高效利用和经营活动的顺利进行。然而，一些企业可能存在管理不善的问题，导致短期借款被挪作他用，从而影响其资金的使用效率和企业的财务稳定。

3.关注短期借款归还是否及时

及时归还短期借款对于维护企业的财务健康和市场信誉至关重要。企业如果未能按时偿还债务，不仅会增加额外的利息支出，加重财务负担，还会损害其信用评级和市场形象。此外，这种行为还会增加企业的财务风险，影响其流动性和偿债能力，进而可能引起潜在投资者和合作伙伴的担忧。

(二)应付账款和应付票据

应付账款和应付票据是企业经营活动中常见的财务项目,直接关联企业与供应商之间的信用关系和资金流动。适当管理这些账目对保障企业的财务健康和维护良好的供应链关系至关重要。企业需要通过规范的付款流程和严格的供应商管理来维持应付账款和应付票据在合理范围内,避免过度依赖供应商提供的信用或造成供应链的不稳定。此外,合理的信用额度不仅可以帮助企业在资金流紧张时保持运营,还能在保持供应商关系和企业信誉的同时,促进企业的长期稳定发展。

分析应付账款时一般应注意以下几点。

1.应付账款负面影响

应付账款在管理企业短期资金流动性方面起到重要作用,然而,过度依赖于延迟付款的做法不仅可能引起供应商提高成本,还可能严重损害企业的市场信誉和法律地位。此外,高额的应付账款还可能在企业内部引发管理和道德风险,尤其是在付款审批过程中,存在滥用职权和腐败的潜在风险。因此,企业在利用应付账款作为资金管理工具时,应确保其处于合理水平,同时加强内部控制和审计流程,以维护健康的供应链关系和企业的长期可持续发展。

2.应付账款规模及变动情况

在分析应付账款时,首先要结合企业的实际运营情况,判断其应付账款规模是否合理。同时,还应对比本企业与同行业企业的应付账款结构比值,观察其偏离幅度是否异常。如果发现异常,需进一步分析可能的原因。常见的异常原因包括企业经营规模的扩张、市场上供应商商品和物资供过于求、企业在供应链上具有较强的议价能力,或企业面临流动性危机,无法按时偿还到期款项。

3.应付账款账龄管理

通过应付账款账龄分析,企业能够有效地掌握账款的超期情况,从而进行合理的资金筹划，防止因逾期支付而影响到企业的信誉。此外，从战略角度看，适当地管理应付账款的周转率和支付周期，延长账款的周转天数，在不损害信誉和供应链稳定性的情况下，可以使企业更好地利用供应商资金，增强现金流的灵活性。

（三）其他短期应付款项

其他短期应付款项是企业在日常经营活动中产生的，与购销业务无关的短期负债。它包括应付职工薪酬、应交税费、应付利息、应付股利等，本质上是企业尚未支付的工资、税金、利息、股息等。

其他短期应付款项可以为企业提供无息融资，帮助企业优先满足其他支出，在到期时再支付。这在一定程度上可以缓解企业资金压力，提高资金利用效率。然而，过度依赖其他短期应付款项可能会导致资金链断裂，因此企业应谨慎使用。

（四）长期借款

长期借款是企业为了满足其资金需求，从银行或金融机构借入一年以上的资金，用于解决流动性资金不足、扩大规模、购置厂房设备或者利用杠杆增强企业的盈利能力。作为企业项目投资的重要资金来源，长期借款能够体现企业的杠杆应用能力和债务融资能力。因此，分析长期借款时，应关注其反映的多个方面。

1.长期借款的规模及变化幅度

从理财视角审视，企业的债务管理是平衡艺术的关键所在。合理控制长期借款规模不仅关乎资本结构的优化，也是衡量企业财务健康的重要指标。通过与行业标准及自身历史表现的对比，企业能精准定位其债务策略的适宜性。小规模长期借款彰显了企业强劲的现金流生产力，而大规模则往往透露出对财务杠杆的依赖或行业特性的影响。借款规模的趋势变化更是企业财务状况的晴雨表——下降意味着财务状况向好，上升则需警惕潜在的扩张压力或财务风险。

2.利用利息粉饰报表

在企业财务管理中,长期借款利息的处理方式不仅是会计政策的选择,更是企业财务健康状况的一面镜子。当企业选择将利息全部费用化时,这不仅体现了财务报告的透明度,还表明企业致力于呈现真实的经营成果,避免利润虚增,通常被视为财务稳健的标志。相反,如果企业采取全部利息资本化的策略,即将利息支出计入资产成本而非直接冲减当期利润,虽然短期内可能美化财务报表,提高账面利润,但这往往伴随着利润调节的风险,暗示企业可能在运用会计技巧来粉饰财务状况。

3.企业资信情况

长期借款的规模是企业资信状况的一面镜子,反映了企业在金融市场中的信用能力和融资环境。较大的借款规模一方面展示了企业能够获得更多的外部资金支持,显示出市场对其未来发展的信心;然而,这也伴随着更大的财务压力和风险。另一方面,较小的借款规模虽然减少了财务风险,但也可能揭示出企业在融资方面遇到了困难,资信评级可能不高,从而限制了企业通过债务进行扩张或投资的能力。

4.财务风险

尽管长期借款为企业提供了较长的还款期限,但其本质上仍是企业必须面对的债务责任,随着时间的推移,这些债务将逐渐转化为需要即刻偿还的短期负债。这意味着即使是长期借款,也会对企业的现金流和财务灵活性产生持续压力。企业必须精心规划其财务战略,确保有足够的流动性来应对这些即将到期的债务。

(五)应付债券

债券作为一种重要的债务融资工具,与长期借款具有相似的财务属性,都能为企业提供必要的资本,同时也对企业的财务结构和盈利能力产生深远影响。在分析企业的债券融资时,首先要理解债券利息的会计处理方法,这直接影响到财务报表的准确性。其次，债券的规模需要被审慎评估，因为它不仅决定了企业的债务负担，也影响到企业的财务灵活性。特别，对于可转换债券，需要关注企业是否利用其进行市场操作以影响股价或债务水平。最后，对于以外币发行的债券，汇率的变动是一个不可忽视的因素，它可能带来额外的财务风险或收益。

六、所有者权益项目分析

（一）实收资本（股本）

实收资本或股本是企业运营的基石，代表了投资者对企业的初始资金投入。这一本金的多少不仅展示了企业的起点规模，也在一定程度上预示了企业的财务健康状况和对未来发展的支持力度。由于实收资本（股本）无需企业在经营过程中偿还，它为企业提供了长期可用的资金来源，增强了企业的财务稳定性和抗风险能力。分析实收资本（股本）时主要关注以下方面。

1.实收资本（股本）的规模

实收资本的规模对公司发展具有重要影响。过多的实收资本可能会导致公司运营效率降低，影响利润增长；而过少的实收资本则可能限制公司的扩展和发展。因此，公司在制定实收资本规模时，应确保其与业务规模相匹配，以优化资源配置，促进公司健康成长，从而为投资者带来更高的回报。

2.实收资本（股本）的结构

实收资本结构不仅展示了公司股东的多样性，包括国家、法人、外资、职工和社会公众等，还透露了股权分布情况。通过分析实收资本结构，可以清晰地看到主导股东和控股方的身份，了解主流投资者的偏好以及资金流向。此外，实收资本结构还提供了关于公司股权集中程度的信息，这对于评估公司治理和潜在的决策影响力至关重要。

3.实收资本（股本）的变动

实收资本（股本）是企业的核心资本金，了解其增减变动情况对于评估企业财务状况和经营策略具有重要意义。通过分析实收资本（股本）的变化，可以洞察企业的资金运用情况和战略方向。例如，实收资本（股本）的增加可能是由于企业进行了融资活动，以支持业务扩张或偿还债务；而减少则可能是由于企业缩小经营规模或弥补亏损。因此，在分析实收资本（股本）时，应特别关注增资的资金用途是否符合企业的承诺，以及资本使用是否改变了原有的用途。

（二）资本公积

资本公积是企业所有者权益的一部分，它代表着企业资本结构中的增值部分。资本公积的来源包括企业投资人投入的资金超过注册资本份额的部分、接受捐赠资产以及因外币投资产生的汇率折算差额。这些增值部分不属于企业的经营收益，而是由于资本结构变化或其他原因形成的。了解资本公积的构成和来源有助于投资者和分析师对企业的财务状况和资本结构做出更准确的判断。例如，资本公积的增加可能表明企业具有较强地吸引投资者的能力，或者拥有丰富的资产基础。同时，资本公积的变化也可能反映企业的资本结构调整和投资策略。

（三）盈余公积

盈余公积是企业内部积累的资金来源之一，它代表着企业从税后利润中提取的一部分资金，用于留存于企业内部的特定用途。盈余公积的提取金额取决于企业的利润水平，反映了企业的盈利能力和财务管理情况。分析上市公司财务报表时，关注盈余公积的状况可以帮助投资者和分析师评估企业的财务健康状况和盈利能力。特别是，未提盈余公积的情况下进行利润分配可能表明企业面临资金紧张或财务管理不善的问题。

(四) 未分配利润

未分配利润作为企业财务报表中的一项关键指标，反映了企业过去年度利润中尚未分配给股东或用于其他用途的部分。未分配利润的多少直接受企业的盈利情况影响，体现了企业的盈余积累能力。分析未分配利润时，关键在于审视企业的利润分配政策，特别是是否存在超额分配股利的情况。

第四章 利润表分析

第一节 利润表水平分析

一、利润表水平分析概述

利润表水平分析或趋势分析，是通过对比不同时期的利润表数据，深入了解企业利润指标的增减变化情况，从而揭示企业经营成果的变动趋势。该分析方法重点关注利润表中各项利润额的变动，旨在识别哪些财务项目对企业财务状况和经营成果产生了显著影响。通过这种分析，不仅可以判断当前的财务趋势是否对企业有利，还能为未来的财务预测提供依据。

二、利润表水平分析评价

利润表水平分析通过将实际利润数据与不同基数进行对比，可以揭示利润变动的差异。选择不同的对比基数会导致分析目的的不同：以预算为基数时，主要评价预算完成情况及其影响因素；以上年利润表为基数时，则关注利润增减变动及其原因。分析通常从净利润的增减变动开始，逐层深入利润总额、营业利润等具体项目，以全面评价企业各环节的经营成效。

净利润是企业最终获得的利润，代表了企业经营活动结束后，所有者可以分配或使用的资金。利润总额则更全面地反映了企业的所有财务成果，包括核心业务的盈利能力，以及投资收益和非经营性收入等。

而营业利润则是企业核心业务盈利能力的直接体现，它反映了企业在日常经营活动中，通过销售商品或提供劳务所创造的价值。营业利润的计算包含了营业收入、营业成本、税金等因素，并考虑了公允价值变动、投资收益和资产处置等因素的影响。

第二节　利润表垂直分析

一、利润表垂直分析概述

利润表的垂直分析，也称作利润表结构分析，其方法是选取利润表中的某一总体指标作为基准值，即100%，进而计算出各个组成项目相对于该总体指标的百分比。通过这种方式，可以对比各个项目百分比的增减变化，揭示它们在总体中的相对重要性，并据此评估相关财务活动的变动趋势。

在利润表的分析中，营业收入作为计算净利润的起始点，因此通常将营业收入设定为基准值100%，并据此计算各项收入、费用以及利润项目相对于营业收入的占比。这样的分析有助于反映各项收入对利润的贡献水平以及各项费用支出的合理性。

利润表垂直分析，即依据利润表中的数据，通过计算各项因素或不同财务成果在营业收入中所占的比重，来分析和阐释财务成果的构成及其变动的合理性。

二、利润表垂直分析评价

利润表垂直分析可以从静态和动态两个角度评估企业的利润构成。静态角度分析报告期内各项目的利润构成,从而了解企业的当前状况。动态角度分析则将实际利润构成与标准或基期利润构成进行比较,从而评估企业的成长和发展趋势。标准或基期利润构成可以使用预算数、上期数或同行业可比企业数,以提供更多参考依据。通过垂直分析,可以发现各项目的比重变动情况,从而更深入地了解企业的业务发展和绩效变化。

第三节　利润表单项分析

一、营业收入分析

(一)营业收入分析概述

营业收入是企业通过日常经营活动获得的经济利益总和,其质量直接影响企业的利润质量。高质量的营业收入不仅体现在现金回款的充足和持续增长上,更是企业市场占有率和竞争力的重要体现。分析营业收入的质量是理解和评估企业利润质量的关键步骤,因为它直接关系到企业的盈利能力和可持续发展。

(二)营业收入分析的维度

依据管理与经营决策的多样化需求,营业收入可从多个维度进行细致分析。通常,营业收入分析涉及以下三个主要维度。

1.营业收入的构成

企业通过多元化经营来分散风险，了解营业收入的具体构成对于评估企业的业绩和风险管理至关重要。主营业务的收入比重直接反映企业的增长点和业绩持续性，信息使用者通过分析这些主营业务的未来发展趋势，可以初步判断企业的盈利能力。然而，过度依赖单一产品或劳务会使企业对市场环境变化异常敏感，增加经营风险。为了更好地管理和决策，企业通常会从多角度对营业收入进行分类，如按产品、行业、地区或项目等，这样可以全面了解各部分对总收入的贡献，并据此制定发展战略。

2.营业收入的质量

营业收入的质量主要体现在其稳定性和可收回性两个方面。稳定性指的是收入的正常波动和持续增长，这通常意味着企业在市场中的地位稳固，产品或服务受市场青睐。然而，这种稳定性会因企业的发展阶段和行业生命周期的不同而有所变化，通常通过与同行或历史数据进行横向比较来评估。可收回性则关注收入确认后是否能按时回收资金。高坏账率可能预示着收入质量不佳，企业管理者需要对此保持警惕，并通过分析现金流量表来进一步验证收入的可收回性。

3.营业收入的市场维度

在全球化或区域化经营的背景下，企业面临不同地区消费者对品牌产品的多样化偏好，这使得分析营业收入在各地区的构成变得尤为重要。营业收入在不同地区的比重不仅反映了企业过去业绩的主要增长点，也为企业提供了一个评估其在各地区市场份额和潜力的窗口。通过深入分析各地区的市场份额，企业能够更好地挖掘产品在不同市场的潜力，从而更准确地预测其业绩的持续性和未来发展方向。

（三）营业收入常见异常及主要原因

（1）企业的营业收入结构如果显示主营业务收入比重低于其他业务收入，这可能预示着企业的收入增长模式存在潜在问题。这样的收入结构通常表明企业的盈利模式可能不稳定，尤其当这种情况持续时，更可能反映出企业在市场定位、产品生命周期管理或战略转型中的挑战。短期内，这种现象可能是因为企业正在进行市场调整或产品更新换代，但如果长期持续，则需要引起投资者的高度关注和深入分析。

（2）企业的利润主要依赖于非主营业务的收入，而非营业收入，这往往揭示了企业在主营业务上的问题。营业收入对利润贡献较小可能意味着主营业务的市场竞争力不足，或管理层在资源配置上偏离了主业发展。这种情况通常会导致企业的整体业绩表现不佳，因为长期依赖非主营业务的收益难以形成可持续的盈利模式。投资者在面对这种企业时，需要特别谨慎，深入分析企业的经营策略、市场定位以及管理层的决策方向，以评估其未来发展的可持续性和投资风险。

（3）如果企业的营业收入规模不错，但现金流量表上"销售商品、提供劳务收到的现金"项目金额较少，与营业收入或应收账款严重不匹配，可能表明企业的回收货款管理出了问题。或者，营业收入有虚增的可能性，存在欺诈或错误记账的情况。

（4）企业的营业收入如果呈现出异常大的波动，这可能反映了市场环境的剧烈变化，或企业内部的管理决策问题。市场因素如突发事件或政策变动，确实可能导致收入的短期波动。然而，如果这种波动频繁发生，投资者应警惕企业可能在人为操纵利润以达到某些财务目标。

二、营业成本分析

（一）营业成本分析概述

营业成本是企业在实现营业收入过程中所发生的直接相关费用，其形式因企业类型不同而有所差异。在制造业，营业成本主要体现为生产并销售出去的产品的成本；在商品流通领域，营业成本则是指购买并销售出去的商品的成本；而在服务行业，营业成本则包括为客户提供服务所需的各种费用。

（二）营业成本分析的角度

在工业企业中，分析营业成本实际上是对生产成本的深入研究，因为营业成本是已销售的产品或已提供劳务对应成本在会计形式上的转化。在实际操作中，对营业成本的分析通常可从以下三个维度展开。

1.成本总额分析

企业通过成本管控旨在降低成本从而提升利润，具体的成本分析通常采用同比分析和标准成本差异分析。同比分析是通过比较本期与基期的成本变化来评估成本管理的效果。通过计算本期与基期的成本差异（绝对额）和升降率（相对额），企业可以清晰地看到成本的变化趋势。如果成本同比下降，这通常意味着企业的成本控制策略是有效的，相反，如果成本上升，则需要对成本增加的原因进行深入分析，以调整和优化成本管理策略。

2.单位成本分析

分析企业的营业成本总额可以提供整体成本管理的概览，但要深入理解成本变动的具体原因，需要对单位成本进行详细分析。单位成本的分析方法与总成本分析类似，通过这种细化分析，企业能够更准确地识别哪些因素导致了成本的增加或减少。

3.成本项目分析

产品成本是企业生产成本的重要组成部分，主要包括材料、人工和制造费用三大项目。材料项目是产品成本中占比较大的部分，主要由材料价格和用量两方面组成。在材料价格方面，企业的管控空间较小，只能被动适应市场价格波动；而用量则是企业内部可控的，企业可以通过加强内部管理、提高效率和降低废料率等方式来降低材料消耗。

人工项目也是产品成本中占比较大的部分，尤其是在人力资本密集型企业中。不同企业的工资支付形式不同，例如计件工资、计时工资或两者兼有。对人工成本进行分析和优化可以帮助企业提高生产效率和降低人工成本，进而降低产品成本。

（三）营业成本分析应关注的问题

1.不同类型企业的营业成本构成项目占比不同

在对比传统制造业和软件开发类企业的成本结构时，可以发现两者具有明显的差异。传统制造业企业的成本结构主要受材料成本的影响，这一成本通常占其总成本的比例较大，而人工成本和制造费用的比例则相对较低。相反，软件开发类企业的成本结构更为侧重于人工成本，由于其产品的不同性质，材料成本和制造费用相对较少。不同行业的成本结构差异反映了各自的生产方式和商业模式的差异。

2.营业成本波动幅度异常

通常情况下，企业的营业成本变动应与所在行业的一般规律相吻合。若发现企业营业成本的波动幅度显著偏离常规，这可能暗示着报表存在人为操纵的迹象。

3.配合营业收入造假而虚增营业成本

一些企业为了追求短期业绩的显著提升和利润的虚增，可能会采用秘密的会计造假手段，比如提前确认收入或者虚增营业收入和营业成本。这些手段旨在使营业成本与营业收入相匹配，以达到虚增利润的目的。这种会计操作的隐蔽性较强，逻辑上并无明显矛盾，使得单纯从趋势和关联性等形式上进行的分析难以发现问题。

三、营业总成本其他项目分析

在营业总成本的其他项目分析中，需要重点关注税金及附加、期间费用、研发费用以及资产减值损失等项目的深入分析。

(一)税金及附加

税金及附加项目是企业财税数据的重要组成部分,了解它们对企业的影响是非常有价值的。通过分析税金及附加项目,可以了解企业的生产和销售情况,了解企业的税务支付能力和负担能力。同时,也可以了解企业在税务方面的优缺点,帮助企业制定更加科学的税务策略和财务规划。

(二)期间费用

期间费用指的是企业在日常运营过程中产生的,无法直接归属至特定成本对象,而应计入当期损益的费用。在毛利保持不变的前提下,企业的最终盈利水平受到期间费用大小的直接影响,因此,企业对期间费用的管理与控制极为重视。

1.销售费用

销售费用是企业在销售过程中的主要开支,其规模与企业所属行业的特性密切相关。不同行业因商业和营销模式的差异,导致销售费用存在显著不同。通过垂直分析和对比分析,可以评估销售费用相对于营业收入和产能的合理性。分析销售费用时,需要了解企业的行业特征和经营管理模式,从而判断费用的合理性。例如,农业、建筑安装和金融保险行业的销售费用较低,而制造和批发零售行业的销售费用通常较高。

在实际操作中,分析销售费用需要综合考虑多个因素和步骤。首先,要了解企业所处的发展阶段,因为不同阶段的市场营销投入和销售费用会有所不同。其次,应按顺序进行分析,先从总额入手,再具体分析构成内容,通过结构和对比分析发现是否存在异常情况。对于重点项目,如大型营销活动的费用,需要特别关注和详细分析。固定费用和变动费用应分别对待,固定费用因其刚性支出特性需独立分析,而变动费用则因其可控性需要区别对待。销售费用的合理性应结合销售额进行分析,没有绝对标准,但可以通过销售规模发现企业潜在的虚增收入问题。此外,还应从企业产能角度考察销售费用的匹配性，产能越大，市场越广，对应的销售费用也应越高。

2. 管理费用

管理费用作为企业运营中不可或缺的一部分，不仅体现了企业在管理方面的投入和效率，还揭示了企业的管理哲学和战略执行力。分析管理费用时，既要注重其总量对企业财务健康状况的影响，也要深入剖析各项费用的合理性和必要性。由于其项目繁多且差异大，管理费用成为企业财务透明度和管理水平的一个重要指标，同时也是财务报表中容易被操纵的部分。

分析管理费用时可以从多个角度进行深入探讨。第一，通过将实际费用与预算、行业平均水平和历史水平进行对比，可以评估费用总额的合理性以及管理团队的综合管控能力。第二，具体费用项目的分析至关重要，因为管理费用涉及多个项目，每个项目反映不同的管理领域，深入分析这些项目有助于了解企业在各个领域的优势和不足。第三，通过效能分析，可以衡量不同企业的管理水平，即使是同一行业，不同企业的管理费用占收入比也会揭示其管理效能的差异。第四，企业的产能规模也是一个重要因素，通常情况下，产能规模越大，组织规模和相应的管理费用也会越高。

在分析管理费用时，需要重点关注管理费用的异常情况及可能的原因。如果管理费用呈上升趋势，可能意味着企业规模在扩张，或管理水平在下降；下降趋势则可能反映企业规模收缩或管理水平提高。这些变化需结合产能和销售规模进行分析。此外，若管理费用显著高于同行业水平，可能暗示企业在通过管理费用调节利润，或其管理水平较低。此外，由于管理费用涉及的项目广泛，企业常利用其调节利润。常见手法包括不按规定摊销无形资产、不全额结转管理费用，以及将应资本化的支出费用化或将应费用化的支出资本化等。

3. 财务费用

财务费用代表企业在筹集及运用资金过程中所承担的成本，其特点与特定行业紧密相关。通过对财务费用的分析，可以评估企业运用财务杠杆的能力以及面临财务风险的程度。财务费用主要产生于企业的筹资活动，与企业的生产能力和销售规模之间不存在直接的关联。

财务费用的分析可以从多个角度来理解企业的融资状况与风险水平。第一，企业的融资策略与财务费用密切相关，财务费用支出较高通常意味着企业依赖较多的债务融资，这反映出其融资能力较强；而支出较少则可能表明融资能力有限，借款难度增大。第二，财务费用也可以用作评估企业财务风险的重要指标，通常财务费用越高，企业面临的财务风险越大，因此企业需合理控制债务规模并加强资金管理，以防范潜在的财务危机。第三，通过分析财务费用，企业还可以更深入地了解自身的资本结构，识别其在不同融资方式下的风险与收益。

在分析财务费用时，需要警惕企业可能利用其粉饰财务报表的行为，特别是当财务费用与债务规模不相符时。此外，评估企业的还款能力也是至关重要的，因为利息和债务本金的偿还是企业运营中的刚性支出，对资金管理提出了高要求。企业应加强资金预算管理，确保有足够的资金按时偿还债务，以避免陷入财务困境。

（三）研发费用

研发费用是企业在进行产品、技术、材料、工艺和标准研究开发时所发生的各类支出。随着国家政策的支持不断增强，企业在创新和转型升级方面的积极性显著提升，尤其是研发费用的加计扣除税收优惠政策，成为企业进行研发投资的重要激励。然而，值得注意的是，部分企业可能会通过虚列研发费用的方式，以此来骗取税收优惠，这种行为不仅影响了税收的公正性，也可能损害市场的公平竞争。通过对研发费用的深入分析，可以洞察企业在研发领域的战略布局，从而预测其未来的发展驱动力和市场竞争能力。

分析研发费用一般应关注以下五个问题。

1.研发费用的行业特征

在不同行业中，技术研究与开发的需求存在差异，相应的研发投入亦有所不同。例如，高新技术企业相较于传统制造业，其在研发方面的投入往往更为巨大。因此,在分析研发费用时,必须充分考虑企业所属行业的特性。

2.研发费用与新产品的销售收入匹配

研发活动旨在实现商业应用,其成本最终将反映在新产品的市场销售收益中。若企业持续投入高额研发费用,而新产品带来的销售收入却表现欠佳,则必须深入探究研发活动的效率及其成果的真实性。

3.研发费用的核算问题

例如,研发费用的核算是否准确无误,遵循了相关法规;是否存在违规的支出被错误地归类为研发费用;资本性支出与费用性支出的划分是否清晰明确;以及研发费用在税务申报中的扣除金额是否与会计账簿记录相符等。

4.研发费用对应的研发项目进度

研发支出的数额与研发项目所处的阶段存在直接的关联性,因此,在分析研发支出时,应当重视其与研发阶段之间的相关性。

5.研发费用占收入比重的变动幅度

通过对公司研发支出的变动趋势进行分析,能够洞悉公司研发战略的演进;而对比不同公司的研发投入规模,则有助于评估公司对研发活动的重视程度及其潜在的发展能力。

(四)资产减值损失

资产减值损失是指资产的账面价值超过其可收回金额所导致的损失。在分析这一损失时,需重点关注几个方面。

第一,了解常见的操纵手法非常重要,例如企业可能通过在当期确认过多的资产减值损失来刻意减少当期利润,进而在后期冲回以增加利润。此外,企业也可能选择不确认或少确认减值损失,以此来提升当期的利润表现。还有一种情况是,一次性确认大额减值损失,这样做不仅能减少当期的利润,还能降低后期的折旧与摊销,从而在后期提高利润。

第二,资产减值损失的变动幅度也是一个关键指标。如果前后期的减值损失变动幅度较大,说明可能存在人为操纵利润的风险,因此需要对此保持警惕。

第三，资产减值损失的金额大小亦是一个重要的考量因素。在正常的经济环境下，资产减值损失的金额通常不会很大；然而，如果发现损失金额异常庞大，则应进一步调查是否存在为了操纵利润而故意夸大减值损失的情况。

四、利润表其他项目分析

（一）营业利润

营业利润作为企业财务报表中的一个关键指标，直接反映了企业在日常经营活动中所获得的净收益。它的计算不仅考虑了毛利润，还扣除了税金、期间费用、研发费用、资产减值损失等多个因素，同时也包括了投资收益的贡献。因此，营业利润不仅能够展示企业在市场竞争中的表现，还能够反映企业的内部管理效率和资源配置能力。

1.营业利润分析的维度

营业利润作为企业经营成果的直接体现，不仅是高层管理者关注的焦点，也是财务报表分析的重要内容。由于利润可能受到多种因素的影响，包括管理决策、市场环境等，因此分析人员需要采用多角度、多方法的分析手段，以全面评估营业利润的真实性和质量。通过分析营业利润的总额、成长性、质量、结构以及与行业和竞争对手的比较，可以深入了解企业的盈利能力、竞争优势和发展潜力，为投资决策和管理决策提供有力支持。

在分析营业利润时，应从多个维度进行深入研究，以全面了解其变动原因和影响因素。

第一，与历史数据的比较是基础，通过对实际营业利润与过去数据的对比，企业可以识别出利润的发展趋势及波动幅度，并进一步调查导致这些波动的原因。

第二，将企业的营业利润与行业标准进行比较，可以帮助企业评估自身的市场表现。如果企业的利润增长或下降速度与行业标准存在显著差异，应深入分析其原因。对于表现良好的方面，企业需要识别其优势；而在表现不佳的情况下，则需找出自身的弱点，以便进行改进。

第三，将实际营业利润与企业设定的年度目标进行比较也是重要的一环。如果企业成功达成目标，需分析是因为运营效率的提高，还是目标设置过低；反之，若未达成目标，则需要探讨是运营管理存在问题，还是目标设定过高。

第四，营业利润的构成分析能够揭示不同产品对整体利润的贡献程度。由于企业通常涉及多种产品类别，某些产品可能会导致亏损，因而运用变动成本法分析各类产品的盈利能力尤为重要。对于那些未能带来正向利润贡献的产品，企业应考虑停产或剥离，以优化资源配置。

第五，识别影响营业利润的具体因素至关重要。营业利润不仅依赖于毛利水平，还受到税金、附加费用及期间费用等多个项目的影响。

2.营业利润分析应注意的问题

第一，要关注营业利润的真实性，警惕管理层可能存在的利润操纵行为。

第二，评估营业利润的质量，区分利润是通过核心业务还是非核心因素获得，以判断利润的可持续性。

第三，考虑会计核算方法的选择对利润的影响，因为不同的会计政策和估计可能导致利润的差异。

第四，要根据不同使用者的需求和目的来调整分析的重点，确保分析结果能够满足信息使用者的具体要求。

（二）营业外收支

营业外收支，作为企业财务成果的一部分，虽然与主营业务活动无直接关联，但在当前多变的经济环境下，其对企业净利润的影响不容忽视。传统上，财务分析往往聚焦于企业的主营业务活动，而对营业外收支的关注较少。然而，随着经济的多元化和不确定性的增加，营业外收支可能对企业利润产生显著影响。因此，在分析上市公司的财务报表时，必须重视营业外收支的金额和性质，特别是关注是否存在异常情况，以确保对企业财务状况和盈利能力的评估更加全面和准确。

（三）利润总额

利润总额是企业主业和非主业共同创造的收益，包括营业利润和营业外收支。尽管利润总额不是企业的最终收益，因为企业还需要从中缴纳所得税，但它仍然是财务分析中的重要指标。在分析利润总额时，关注其总额大小和变化趋势是必要的。同时，为了更全面地了解利润总额的构成，需要对上级驱动项目——营业利润和营业外收支进行详细分析。

（四）所得税费用

所得税费用是基于企业的利润总额，经过税法规定的调整后，按照法定税率计算得出的刚性支出。虽然所得税费用与企业的营运能力通常没有直接关联，但它在财务报表中仍占据重要地位，影响着企业的财务健康和利润水平。

在当前经济环境下，各国政府普遍实施多种税收优惠政策，这为企业提供了进行税收筹划的机会。通过合理的税收筹划，企业能够有效降低所得税费用，从而间接提升净利润和股东回报。因此，分析所得税费用时，不仅要关注其计算过程和金额的合理性，更要深入了解企业管理团队在税收筹划方面的策略和能力。

（五）净利润

净利润，即税后利润，是企业最终获得的净收益。尽管净利润的大小受到利润总额和所得税费用等上级驱动项目的影响，但它作为最终利润具有重要的影响力。许多外部报表使用者在分析财务报表时，第一眼就会关注净利润。此外，净利润还是多个业绩评价指标的计算基础，如每股收益、市盈率等。

(六)每股收益

每股收益是投资者评估上市公司表现的重要指标,通过将归属于母公司的净利润与流通在外的普通股加权平均数进行比值计算而得。高每股收益通常意味着公司能够为股东提供更好的投资回报,不仅可以通过股利的形式分配利润,还能通过股价的上涨带来资本利得。因此,在分析每股收益时,应重点关注几个方面。

首先,若某公司的每股收益相对其他竞争者较高,说明该公司在盈利能力上具备优势,能够有效转化为实际投资回报。其次,若公司每股收益能够在连续的会计期间内实现增长,这将增强债权人和投资者对公司的信心,同时也会提升管理层对现行政策的信心。

反之,若每股收益在多个会计期间持续下降,这将使得公司在投资者眼中显得不具吸引力,并可能预示着较大的信用风险。因此,管理层需要重新审视公司的经营策略和目标,以便进行必要的调整和优化。

此外,利润表中的核心项目包括毛利润、营业利润、利润总额和净利润,这些是反映公司盈利能力的关键指标。为了更全面地理解利润表,分析者应关注利润表的驱动项目,并结合资产负债表进行综合分析,而不是孤立地研究利润表。

第五章　现金流量表分析

第一节　现金流量表水平分析

一、现金流量表水平分析概述

现金流量表水平分析是通过对比不同时期的现金流量表项目，分析企业现金收入、支出及结余的变动情况和趋势，以评估企业现金流量管理水平和特点。分析内容包括不同会计年度现金净增加额的总体变动及原因，不同会计年度的经营活动、投资活动、筹资活动现金流量变动及原因，以及经营活动现金流量净额的变动及影响因素。

二、现金流量表水平分析评价

现金流量表水平分析是通过编制现金流量表水平分析表，计算不同会计年度各活动现金流量的横向差异，分析现金净增加额的总体变动及原因，以及各活动现金流量变动额及原因。通过这种分析，可以了解企业当期现金流量产生的原因，揭示与前期或预计现金流量的差异。现金流量表水平分析可分为经营活动现金流量分析、筹资活动现金流量分析和投资活动现金流量分析三部分，根据企业现金流产生情况的不同进行详细分析。

（一）经营活动现金流量分析

经营活动是企业获取现金流的主要途径，经营活动现金流量质量直接反映企业的经营状态和财务状况。为了分析经营活动现金流量质量，首先需要了解其主要项目，如经营活动产生的现金流入和现金流出。相较于净利润，经营活动现金流量趋势更能准确反映企业的真实经营成果。

（二）投资活动现金流量分析

投资活动现金流量是指企业在购建或处置长期资产（通常指一年以上）过程中产生的现金流量，包括购建固定资产、长期投资和处置长期资产等。这些现金流量的趋势在一定程度上反映了企业的投资活动情况。通过分析投资活动现金流量趋势，可以了解企业在长期资产方面的投资策略和资金流动情况。

（三）筹资活动现金流量分析

筹资活动现金流量是企业在经营过程中与筹资活动相关的现金流入、现金流出及其差额。筹资活动是企业通过一定渠道和方式筹措资金的财务活动，它不仅为企业提供新鲜资金支持发展，还可以调整企业的资本结构。筹资活动现金流量趋势反映了企业资本和债务规模和构成的变化活动所产生的现金流量。

第二节　现金流量表垂直分析

一、现金流量表垂直分析概述

现金流量表垂直分析，也称为结构分析，通过计算企业各项现金流入和现金流出占总量的比重，揭示企业经营、投资和筹资活动的特点及对现金流量净额的影响。这种分析方法旨在揭示现金流入和现金流出的结构情况，从而抓住现金流量管理的重点，并评价现金流量质量。

现金流量表的垂直分析是通过比较和分析同一时期现金流量表中不同项目的比例关系，以了解企业现金流量的结构和变动情况。分析步骤包括计算现金流入总额、现金流出总额和现金余额，以及各现金流入项目和现金流出项目占总额的比例。此外，还需要计算各类现金流入和现金流出小计占总额的比例。通过比例大小或比例变动大小，可以找出重要项目，深入了解现金流量的形成、变动过程及其变动原因。

二、现金流量表垂直分析评价

（一）现金流入结构分析

通过现金流入结构分析，企业能够清晰地识别出现金流入的主要来源，从而为增强现金流提供切实可行的措施。这一分析可以分为两类：总流入结构分析和内部流入结构分析。总流入结构分析关注整体现金流入的构成，而内部流入结构分析则针对不同业务活动的现金流入进行深入研究。

在进行现金流入结构分析时，企业可以明确各现金流入项目在整体结构中的比重，识别潜在的问题和瓶颈。这种分析不仅为企业提供了增加现金流入的方向和策略，还为管理层制定相关的财务决策提供了重要依据。

（二）现金流出结构分析

现金流出结构分析是一项重要的财务分析工具，其主要目的是了解企业现金支出的去向，从而评估企业的理财水平和理财策略。通过分析现金流出的结构，企业可以获得关于支出项目的详细信息，进而做出更合理的财务决策。

现金流出结构分析可以分为两大类：总流出结构分析和内部流出结构分析。总流出结构分析关注整体现金流出的构成，帮助企业了解现金流向何方，并评估各类支出在整体现金流出中的占比。而内部流出结构分析则侧重于具体项目的详细分析，揭示不同支出项目的相对重要性及其对整体流出的影响。

通过进行现金流出结构分析，企业能够明确各现金流出项目在全部现金流出中的比重，这对于识别潜在问题、优化支出结构至关重要。例如，如果发现某项支出占比过高，企业可能需要重新评估相关的支出策略，以降低不必要的开支，从而有效控制现金流出。

第三节　现金流量表单项分析

一、经营活动现金流量项目分析

（一）销售商品、提供劳务收到的现金

该项目构成企业现金流入的关键渠道，通常呈现出金额巨大、占比显著的特征。通过将其与利润表中的"营业收入"项目进行比较，能够评估企业的销售收入状况，其基本逻辑关系如下所示。

销售商品、提供劳务收到的现金
=营业收入×（1+增值税税率）-应收账款增加额-应收票据增加额+预收账款增加额

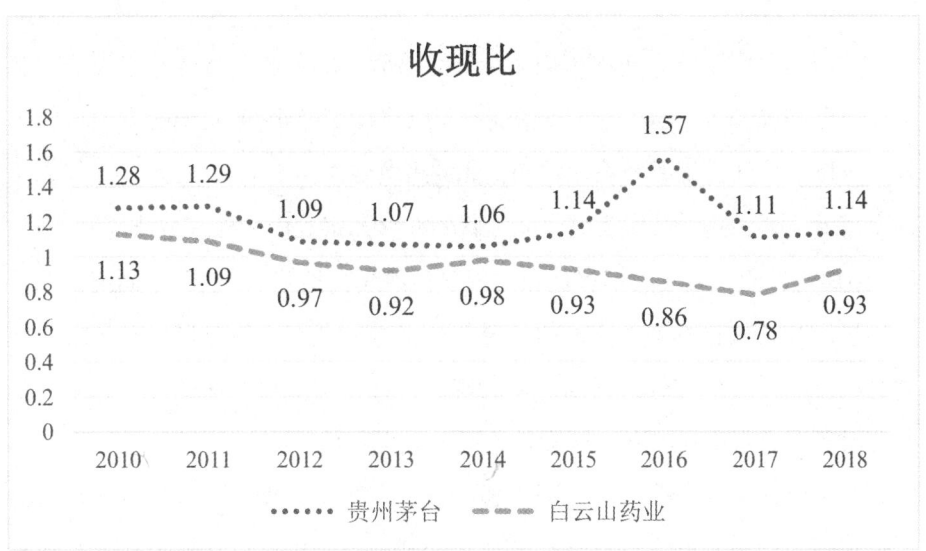

图 5-1　贵州茅台和白云山药业 2010—2018 年的收现比

收现比是衡量企业现金回款效率的指标，通过比较销售商品、提供劳务

收到的现金与营业收入×(1+增值税税率)，可以了解企业现金回款的效率。收现比越大，说明企业经营活动现金回款效率越高。当企业没有应收账款或应收账款很少时，收现比趋近于1。图5-1为贵州茅台和白云山药业2010—2018年的收现比，以贵州茅台和白云山药业为例，贵州茅台的收现比更高，表现更强劲，这与其经营模式和议价能力相匹配。相比之下，贵州茅台对经销商的议价能力较强。收现比的分析有助于企业了解现金回款效率，为现金流量管理提供重要依据。

（二）购买商品、接受劳务支付的现金

购买商品付现是企业现金流出的主要方向，通常具有大额和高占比的特点。通过将其与资产负债表中的应付账款、应付票据、预付款项等项目进行比较，可以判断企业购买商品付现的情况。这种比较有助于了解企业资金的紧张程度或商业信用情况，从而更清晰地认识企业当前的财务状况。

（三）支付给职工以及为职工支付的现金

该项目主要反映企业在本期实际支付给职工的各类薪酬，包括工资、奖金、津贴和补贴等。这一项目是企业人力资源管理和财务支出的重要组成部分，直接关系到员工的经济权益和企业的运营效率。

需要注意的是，特定类型的职工薪酬在财务报表中的处理方式有所不同。例如，属于在建工程和无形资产负担的职工薪酬会被记录在"购建固定资产、无形资产和其他长期资产支付的现金"项目中，而支付给离退休人员的薪酬则会在"支付其他与经营活动有关的现金"项目中反映。这种分类有助于企业在财务报表中更加清晰地展示各类资金的流向和用途。

为更全面地评估企业支付职工薪酬的合理性，建议分析者将本项目与上市公司财报中披露的人员情况相结合。这种结合分析可以帮助识别企业薪酬支出是否与其业绩、市场标准和行业基准相一致，进而判断薪酬政策的合理性和公正性。

(四)经营活动产生的现金流量净额

通过将项目金额与净利润进行对比,可以评估企业经营利润的现金转化情况。比值大于1可能意味着产品供不应求或重资产型企业折旧率高。然而,持续小于1的比值可能表明净利润质量差,可能存在赊销、存货积压或造假。此外,需要警惕经营活动现金流净额小于0、净额勉强维持经营或主要是应付账款和票据增加的情况,这可能预示企业面临资金链断裂的风险。

(五)经营活动现金流量阶段性分析

对企业经营活动现金流量进行阶段性分析可参照图5-2提供的思路。

现金流量	经营周期			
	萌芽期	成长期	成熟期	衰退期
经营活动产生的现金流量<0	正常	长期持续,说明回笼现金能力很差		很差
经营活动产生的现金流量=0	中等	长期持续,说明回笼现金能力很差		一般
经营活动产生的现金流量>0,但不足以补偿当期的非现金消耗性成本	较好	长期持续,仍然不能给予较高评价		较好
经营活动产生的现金流量>0,并恰好能补偿当期的非现金消耗性成本	好	较好	好	好
经营活动产生的现金流量>0,在补偿当期的非现金消耗性成本后仍有剩余	很好	很好	很好	很好

图5-2 经营活动现金流量阶段性分析评价表

二、投资活动现金流量项目分析

(一)收回投资收到的现金、取得投资收益收到的现金

收回投资收到的现金和取得投资收益收到的现金是企业财务管理中两个重要的现金流入项目。收回投资收到的现金主要反映企业通过出售、转让或到期收回交易性金融资产和长期股权投资所获得的现金。这一部分还包括企业从长期债权投资中收回的本金,这些现金流入对企业的流动性和财务稳定

性至关重要。

取得投资收益收到的现金则反映了企业因股权性投资而获得的现金股利，这包括从子公司、联营企业或合营企业分回的利润，以及因债权性投资而取得的现金利息收入。这部分现金流入显示了企业在投资方面的收益能力，能够直接影响企业的盈利水平和财务状况。

（二）处置固定资产、无形资产和其他长期资产收回的现金净额

"处置长期资产所得现金净额"这一项目，揭示了企业通过变卖"家底"获得现金流的情况。通常情况下，企业依靠主营业务获得收入，处置长期资产带来的现金流入相对较少。如果该项目金额异常巨大，则需警惕企业是否陷入了"拆东墙补西墙"的困境，预示着其经营能力可能出现问题，需要进一步关注企业的整体经营状况。

（三）购建固定资产、无形资产和其他长期资产支付的现金

不仅反映了企业当前的资产处置情况，更通过与资产负债表中长期资产的对比，提供了企业扩大再生产能力的视角。通过这种分析，可以预测企业未来的经营策略和盈利前景。企业在这一项目上的表现，实际上是其战略方向和经营模式变革的一个指标，帮助投资者和分析师理解企业如何利用或处置其资产以应对市场变化和实现增长。

（四）投资支付的现金

该项目在企业财务报表中的作用不容小觑，它不仅记录了企业在资本市场的投资活动，还提供了企业投资策略与财务健康状况的关键信息。通过对该项目的分析，可以洞察企业是否过度依赖借款进行投资，以及这些投资是否与企业的长期战略目标一致。当企业的投资支出显著高于其经营活动产生的现金流时，投资者应特别关注，因为这可能预示着企业在冒险扩张或管理层对未来项目的乐观程度可能需要进一步验证。

三、筹资活动现金流量项目分析

（一）吸收投资收到的现金

该项目反映了企业在资本市场上的筹资能力。若该项目出现资金流动，其金额通常较为可观，此时可将之与资产负债表中股本及应付债券等项目的增长情况进行综合分析。

（二）取得借款收到的现金

通过分析该项目与资产负债表中"短期借款"和"长期借款"项目的关联，可以洞察企业的资金来源结构和偿债压力。持续增长的借款规模，可能预示着企业过度依赖债务融资，潜藏着财务风险。反之，如果企业能够在保持合理债务水平的同时，获得稳定的银行借款，则表明其拥有良好的商业信用和发展前景。

（三）偿还债务支付的现金

此项目展示了企业通过现金方式偿还的债务本金情况。通过对此项目的深入剖析，能够评估出企业资金流是否已经步入了一个良性的循环轨道。

第六章 财务比例分析

第一节 企业偿债能力分析

一、企业偿债能力及其分类

企业偿债能力指的是企业利用其资产来偿还长期及短期债务的能力,是衡量企业财务状况和经营能力的关键指标。鉴于债务通常依据其到期时间被划分为短期债务和长期债务,因此企业的偿债能力相应地被细分为短期偿债能力和长期偿债能力。

二、短期偿债能力分析

衡量企业偿债能力有两种方法:一种通过比较可用于偿还债务的资产与债务的总额,若资产总额显著高于债务总额,则表明偿债能力较强;另一种通过对比经营活动产生的现金流量与偿还债务所需的现金,若前者远超后者,则同样意味着偿债能力较强。

(一)短期偿债能力的影响因素

短期偿债能力,又称即时支付能力,是体现企业运用流动资产迅速转换为现金以偿付即将到期的短期债务的能力。这种能力受到企业内部环境和外部条件的双重影响。

1.企业内部因素

影响企业短期偿债能力的内部因素主要包括以下几点。

首先,企业的资产结构,尤其是流动资产的构成,对短期偿债能力具有直接影响。流动资产的流动性和变现能力是关键考量因素。

其次,流动负债的规模及其结构也至关重要。企业需要确保有足够的流动资产来覆盖即将到期的流动负债。

再次,企业的融资能力不容忽视。良好的融资渠道和能力可以为短期债务提供必要的资金支持。

最后,企业的经营现金流量状况是决定短期偿债能力的关键因素。稳定的现金流入能够确保企业按时偿还债务。

2.企业外部因素

影响企业短期偿债能力的外部因素主要包括以下几点。

首先,宏观经济形势对企业短期偿债能力有着直接的影响。经济的繁荣或衰退会显著改变企业的收入状况和现金流,进而影响其偿还短期债务的能力。

其次,证券市场的成熟度与完善程度同样不容忽视。一个成熟且运行良好的证券市场能够为企业提供额外的融资渠道,有助于企业在面临短期偿债压力时,通过市场操作来缓解资金紧张的状况。

最后,银行的信贷政策也是关键因素之一。银行的贷款条件、利率水平以及信贷额度的调整,都会直接影响企业获取短期资金的难易程度,进而影响其短期偿债能力。

(二)短期偿债能力指标的计算与分析

企业的短期偿债能力可以通过以下两个维度进行评估:首先,通过资产负债表上可用于偿还债务的资产与负债存量之间的对比分析;其次,通过现金流量与负债存量的对比分析来进行。

1.可供偿债资产与债务的存量对比分析

（1）流动比率的计算与分析。

流动比率是衡量企业偿债能力的一个重要指标，具体表现为流动资产与流动负债之间的比例关系，揭示了企业每一元流动负债背后有多少流动资产作为支撑。其计算公式如下。

$$流动比率 = \frac{流动资产}{流动负债}$$

流动比率是评估企业短期偿债能力的关键指标，体现了企业流动资产在短期债务到期时的变现能力，以满足偿还流动负债的需求。这一比率越高，意味着企业的偿债能力越强，面临的短期流动性风险越低，从而为债权人提供了更高的安全保障。

流动比率是评估企业短期偿债能力的有效工具，其优势主要表现在以下几个方面。

首先，流动比率揭示了企业利用流动资产来覆盖流动负债的能力。流动比率越高，对流动负债的保障程度就越大，从而更好地维护债权人的利益。特别是当流动比率超过 1 时，超出部分为流动负债的偿还提供了额外的保障，表明了债权人的安全边际。流动比率超出 1 的部分越多，债权人的安全边际越大，全额回收债权的可能性也就越高。

其次，流动比率反映了企业所持有的营运资本（营运资本=流动资产-流动负债），这有助于报表使用者评估企业的营运资本是否充足，并判断企业应对经营中可能出现的意外风险的能力。

最后，流动比率的计算方法简便，所需数据来源稳定可靠，使得报表使用者能够轻松计算出企业的流动比率，并据此评估企业的偿债能力。

流动比率确实存在一定的局限性。

首先，流动比率仅揭示了企业在特定时刻可动用的流动资产与流动负债之间的比例关系，它并未涉及短期债务与未来资金流量之间的联系。

其次，流动资产的各个组成部分可能受到不同因素的影响，这可能导致流动资产的账面价值无法准确反映其真实的变现能力。例如，应收账款的规模受到企业销售策略和信用政策的影响；宽松的信用条件可能导致应收账款规模增加，从而提高坏账风险，降低应收账款的实际质量。至于存货，其规模可能因不同的计价方法而受到影响，这使得流动比率的计算结果带有主观性；而且，如果企业存货过剩或管理不善，高流动比率可能反而掩盖了企业短期偿债能力的不足。

最后，企业在经营管理中需要在收益性和安全性之间寻求平衡。追求收益性的企业会倾向于节约资金、减少流动资产的占用；而追求安全性的企业则会努力增强偿债能力并保持适量的流动资产。因此，流动比率并非总是越高越好。

（2）速动比率的计算与分析。

速动比率，即所谓的酸性测试比率，是一种评估企业财务健康状况的关键指标。它通过将企业的速动资产与流动负债进行对比，来衡量企业迅速变现资产以偿付短期债务的能力。这一比率是从流动比率发展而来，并经常与之并行使用，为投资者和债权人提供了评估企业短期财务稳健性的重要视角。其计算公式如下。

$$速动比率 = \frac{速动资产}{流动负债}$$

速动资产主要由货币资金、交易性金融资产、应收票据、应收账款、应收利息、应收股利以及其他应收款项构成。另一种对流动资产的诠释，则是将流动资产中的存货、预付款项、一年内到期的非流动资产以及其他流动资产剔除后的剩余部分。

通常而言，在制造型企业的流动资产总额中，存货所占比重约为50%。基于此，速动比率的一个公认基准值为1，这表示每一单位的流动负债都有等值的、几乎能立即变现的资产作为支撑。若企业的速动比率低于此标准，往往被视为偿债能力相对较弱，但在进行具体评估时，还需综合考虑行业特性及其他多方面因素。

(3) 现金比率的计算与分析。

现金比率，一个衡量企业财务稳健性的重要指标，体现了企业现金及现金等价物对流动负债的覆盖程度。在此定义下，现金类资产有着两种不同的解读方式。当现金类资产仅指货币资金时，现金比率的计算公式如下。

$$现金比率 = \frac{货币资金}{流动负债}$$

除货币资金外，现金类资产的一个重要组成部分是现金等价物，是企业所持有的、具有短期到期日、高度流动性和低价值波动风险的资产类型。具体而言，这类资产可以包括企业持有的将在 3 个月内到期的债权投资等。按这种理解，现金比率的计算公式如下。

$$现金比率 = \frac{货币资金 + 现金等价物}{流动负债}$$

现金比率较高表明企业拥有较多的现金及现金等价物资产，可用于即时偿还债务。然而，现金比率并非越高越好，因为现金及现金等价物的收益率通常较低，企业既无必要也无益于持有过量的这类资产。过高的现金比率可能暗示企业未能通过适度的借贷来满足其运营所需的流动资金，未能有效利用财务杠杆，因此，不建议企业持有过多现金及现金等价物。通常情况下，现金比率维持在约 0.2 的水平，足以保障企业的即时支付能力。

2.现金流量与债务存量对比分析

经营活动产生的现金流量净额与流动负债的比率，被称为现金流量比率。该比率用于评估企业利用经营活动产生的现金来偿还流动负债的能力。其计算公式如下。

$$现金流量比率 = \frac{经营活动现金流量净额}{流动负债}$$

经营活动现金流量净额，作为企业在特定会计期间内，通过日常运营活动所实现的现金净流入与流出的差额，深刻揭示了企业生产经营活动创造现金流的能力。这一关键财务指标不仅是评估企业运营健康状况的重要参考，更是企业偿付到期债务、维持正常运营所需资金的主要来源。

通常情况下，流动负债的比率计算采用期末数据而非平均值，因为实际需要偿还的是期末的负债金额，而不是平均值。具体来说：

（1）当现金流量比率大于或等于 1 时，这表明企业拥有足够的现金流量，能够用其生产经营活动产生的现金来满足短期债务的偿还需求。

（2）若现金流量比率小于 1，则意味着企业通过生产经营活动产生的现金不足以覆盖即将到期的债务，因此，企业可能需要寻求外部融资或出售资产来履行债务义务。

三、长期偿债能力分析

衡量长期偿债能力的财务比率，可以分为两大类：存量比率和流量比率。

（一）长期偿债能力的影响因素

长期偿债能力，亦即企业偿还长期负债的能力，反映了企业对非流动负债的偿还保障程度。企业的非流动负债涵盖了长期借款、应付债券、长期应付款项、专项应付款、递延所得税负债以及其他非流动负债类别。

影响企业长期偿债能力的关键因素主要包括以下几点：

1.企业的盈利能力

通常情况下，企业的盈利能力强，则其长期偿债能力亦相应较强；反之，若企业的盈利能力较弱，则其长期偿债能力亦可能较弱。

2.投资效果

企业所承担的长期债务，主要用于固定资产等长期投资领域。投资的成效决定了企业是否具备偿还长期债务的能力。

3.权益资金的增长和稳定程度

企业若保留大部分经营利润，将导致权益资金的增加，进而提升投资人所持有的权益价值，并增强偿还债务的能力，从而提高企业的长期偿债能力。

4.权益资金的实际价值

权益资本的实际价值是决定企业最终偿还债务能力的关键因素。

5.企业经营现金流量

企业必须具备强大的变现能力,并保持充足的现金储备,以确保其具备充分的偿债能力。因此,企业的现金流量状况是决定其偿债能力的关键因素。

企业的非流动负债主要用于投资非流动资产,从而形成企业的长期资产。在正常的生产经营环境下,企业无法依赖出售资产来作为偿债资金的来源,而必须依靠其生产经营活动所产生的收益。从债务融资的目的来看,企业采用成本较低的负债资金是为了利用财务杠杆效应,以增加企业的收益,而相应的利息支出则应从这些融资所创造的收益中支付。因此,企业的长期偿债能力与其盈利能力紧密相连。

在企业终止经营时,最终的偿债能力将取决于企业权益资金的实际价值。如果资产无法以其账面价值出售,可能会损害债权人的利益,导致债务无法完全清偿。

(二)长期偿债能力指标的计算与分析

1.总债务存量指标的分析

(1)资产负债率的计算与分析。

资产负债率是衡量企业偿还债务能力的关键财务指标。该比率通过比较负债总额与资产总额,揭示了企业资产中有多少比例是通过借贷方式筹集的。其计算公式如下。

$$资产负债率 = \frac{负债总额}{资产总额} \times 100\%$$

该指标的数值越高,意味着企业的债务负担越重;反之,数值越低,则表明企业的债务负担越轻。资产负债率不仅能够衡量企业利用外部资金进行经营活动的能力,同时也能体现债权人资金的安全性。

对于债权人而言,他们倾向于看到这个指标较低,因为较轻的债务负担通常意味着企业拥有更强的总体偿债能力,从而为债权人的利益提供更高的保障。然而,企业自身可能希望适度提高这一指标,以便通过增加债务来获取更多的财务杠杆效应。但需谨慎,因为过高的资产负债率可能会削弱企业的筹资能力。

当资产负债率超过 100%时,这表明企业的负债已经超过了其资产价值,企业面临破产的风险。

(2)权益乘数的计算与分析。

权益乘数,即企业总资产与所有者权益之比,是衡量企业资产中投资人投资形成部分占比的一个重要指标。其计算公式如下。

$$权益乘数 = \frac{资产总额}{所有者权益}$$

$$= \frac{1}{1-资产负债率}$$

权益乘数是衡量企业长期偿债能力的关键指标。该指标的数值越高,意味着企业资产中由股东投资构成的部分相对较少,从而降低了偿还债务的保障程度。观察权益乘数的计算公式可知,权益乘数的增加通常伴随着资产负债率的上升。因此,债权人对权益乘数持有浓厚的兴趣。

(3)产权比率(净资产负债率)的计算与分析。

产权比率是通过将负债总额与所有者权益总额进行直接对比而得出的财务指标。其计算公式如下。

$$产权比率 = \frac{负债总额}{所有者权益总额}$$

产权比率、资产负债率以及股东权益比率虽然承载着相似的经济含义,但产权比率以其直观性,更有效地揭示了负债相对于所有者权益的保护水平。

(4)固定长期适合率的计算与分析。

固定长期适合率指的是固定资产净值与所有者权益加上非流动负债之和的比率。其计算公式如下。

$$固定长期适合率 = \frac{固定资产净值}{所有者权益 + 非流动负债} \times 100\%$$

当企业面临庞大的固定资产投资需求，但其权益资本相对有限，不足以支撑这些投资时，企业可以选择通过长期借款来弥补资金缺口。通常情况下，认为该比率应低于100%。

若企业的固定长期适合率超过100%，这表明企业不仅动用了部分短期资金来投资固定资产，而且这些短期资金还被用来满足全部流动资产的需求。这种情况对企业的短期偿债能力构成了严重威胁。

相反，当企业的固定长期适合率低于100%，则意味着企业利用了一部分长期资金来投资流动资产，这有助于缓解企业短期内偿还债务的压力。

2.总债务流量指标的分析

（1）销售利息比率的计算与分析。

销售利息比率是指在特定时期内，利息费用与营业收入之间的比率。其计算公式如下。

$$销售利息比率 = \frac{利息费用}{营业收入}$$

销售利息比率这一指标能够揭示企业的销售表现对偿还债务能力的保障程度。当企业的负债水平保持相对稳定时，销售业绩的提升将降低偿还到期债务可能给企业带来的负面影响。该比率数值越低，意味着企业用以支付利息的营业收入比例较小，从而表明企业的偿债压力较轻。

（2）已获利息倍数的计算与分析。

利息保障倍数是指企业的息税前利润与利息支出之间的比率。其计算公式如下。

$$已获利息倍数 = \frac{息税前利润}{利息支出} = \frac{利润总额 + 利息支出}{利息支出}$$

在上述公式中，利息支出涵盖了财务费用中的利息支出以及资本化的利息。已获利息倍数揭示了企业盈利与利息费用之间的特定联系；通常情况下，这一指标越高,表明企业的长期偿债能力越强;反之,指标较低则意味着企业的长期偿债能力较弱。

(3)到期债务本息偿付比率的计算与分析。

到期债务本息偿付比率,这一指标用于评估企业通过经营活动产生的现金流量,偿还到期债务本金及其利息的能力。其计算公式如下。

$$到期债务本息偿付比率 = \frac{经营活动现金流量净额}{本期到期债务本息}$$

当到期债务本息偿付比率低于 1 时,这表明企业通过经营活动产生的现金流量不足以覆盖其到期债务的本金和利息。在这种情况下,企业需要依赖其他融资方式或出售资产来清偿债务。该比率的数值越高,反映出企业的长期偿债能力越强。

(4)现金债务总额比率的计算与分析。

现金债务总额比率,即经营活动产生的现金流量净额与期末负债总额的比率,反映了企业利用经营活动产生的现金来偿还负债总额的能力。其计算公式如下。

$$现金债务总额比率 = \frac{经营活动现金流量净额}{期末负债总额}$$

企业偿还债务的能力主要取决于其现金流量。通过对比现金流量与债务总额,我们可以更准确地评估企业的偿债能力。现金债务总额比率揭示了企业通过其生产经营活动所产生的现金流量净额来偿还长短期债务的能力。这一比率越高,表明企业偿还债务的能力越强。

(5)现金流量利息保证倍数的计算与分析。

现金流量利息保障倍数,指的是企业经营活动产生的现金流量净额与利息费用之间的比率。这一指标揭示了企业通过经营活动所获得的现金流量净额是其利息支出的几倍。其计算公式如下。

$$现金流量利息保证倍数 = \frac{经营活动现金流量净额}{利息费用}$$

现金流量利息保障倍数相较于已获利息倍数,更能准确地反映企业的偿债能力。当企业的息税前利润与经营活动产生的现金流量净额变动趋势大致相同时,这两个指标得出的结果会较为相似。然而,若企业正处于快速增长阶段,导致息税前利润与经营活动现金流量净额之间存在显著差异,那么采用现金流量利息保障倍数进行分析将显得更为稳健和保守。

第二节　企业营运能力分析

一、企业营运能力及其分类

营运能力指的是企业经营运作的效能,即企业利用其资产创造利润的能力。通常,企业的营运能力涵盖总资产的运用效率、流动资产的管理效率以及固定资产的使用效率。在流动资产的范畴内,又细分为应收账款的管理效率和存货的周转能力。通过计算与企业营运能力相关的各项指标,可以评估企业资产管理的效率水平。

二、总资产营运能力分析

总资产营运能力主要涉及企业资产的运作效率与成效。总资产产值率揭示了企业利用其总资产所能产生的产出水平,即投入或运用总资产所获得的成果。而总资产周转率则衡量了总资产的流转速度,体现了企业资产运作的效率。

（一）总资产产值率的计算与分析

总产值指的是工业企业在特定时期内所生产的工业最终产品或提供的工

业性服务活动的总价值。在企业内部,总产值通常涵盖了当期实现的产品销售收入以及尚未销售或尚未转化为收入的库存产品。总资产产值率则体现了企业总资产与总产值之间的比例关系。其计算公式如下。

$$总资产产值率 = \frac{总产值}{总资产平均余额} \times 100\%$$

该指标的数值越高,表明企业的资产投入产出率越强,反映出企业总资产的运营状况更为优良。

(二)总资产周转率的计算与分析

总资产周转率揭示了企业总资产与总收入之间的比例关系。其计算公式如下。

$$总资产周转率(周转次数) = \frac{总周转额(营业收入)}{总资产平均余额}$$

该指标的提升,直接指向了企业总资产营运能力的增强。总资产产值率,作为衡量企业生产过程中资产利用效果的标尺,而总资产周转率,则揭示了企业在整个经营链条中资产的流转效率。

在营业收入恒定的情境下,若企业在某一会计期间内,能够以更小的资产规模支撑运营,那么其总资产周转率将自然攀升,这无疑是资产利用效率提升的直接体现。而要达成这一目标,加速资金的循环周转便成了关键。

此外,总资产周转速度亦可通过总资产周转期(以天数计)这一维度来观察。其计算方式明确且具体,为我们提供了另一视角来审视企业的资产运营效率。具体计算公式如下。

$$总资产周转天数 = \frac{总资产平均余额 \times 计算期天数}{营业收入}$$

三、流动资产营运能力分析

流动资产的营运能力揭示了企业在管理其流动资产方面的效率和成效,涵盖了应收账款的管理效率、存货的周转效率以及流动资产整体的运营效率三个关键领域。相应的评估指标包括应收账款周转率、存货周转率以及流动资产周转率。

(一)流动资产周转速度分析

流动资产完成从货币到商品,再从商品变回货币的这一过程,标志着流动资产经历了一次完整的周转。流动资产的周转以产品的销售实现为标志。

反映流动资产周转速度的具体计算公式如下。

$$流动资产周转率(周转次数)=\frac{营业收入}{流动资产平均余额}$$

$$流动资产周转天数=\frac{流动资产平均余额\times 计算期天数}{营业收入}$$

$$流动资产垫支周转率(周转次数)=\frac{营业成本}{流动资产平均余额}$$

$$流动资产垫支周转天数=\frac{流动资产平均余额\times 计算期天数}{营业成本}$$

在实际操作中,计算流动资产周转率通常采用营业收入作为指标,然而,根据特定的目标和需求,有时也会选择营业成本作为参考。

为了探究流动资产周转率变化的原因,并识别提升流动资产周转效率的策略,可以依据流动资产周转率各项指标的经济含义及其内在联系,对流动资产周转率进行如下分解。

$$流动资产周转率=\frac{营业收入}{流动资产平均余额}$$

$$=\frac{营业成本}{流动资产平均余额}\times\frac{营业收入}{营业成本}$$

$$=流动资产垫支周转率\times成本收入率$$

流动资产的周转率受多个因素影响，其中关键的是流动资产垫支周转率和成本收入率。流动资产垫支周转率可以直接反映资产的实际周转速度，而成本收入率则揭示了投入与产出的比例关系，从而衡量非流动资产的使用效率。通过优化这两个因素，可以提高流动资产的利用效率，进而增强企业的财务运作能力。

企业在加速流动资产垫支周转的过程中，必须将提高成本收入率作为首要前提。

加速周转虽然能够提升流动资产的营运能力，但只有在成本收入率大于1的情况下，这种加速才能带来正向收益，使企业获得更高的回报。而当成本收入率低于1时，加速周转反而会放大企业的损失。因此，企业应注重成本控制与效益提升，确保流动资产在高效周转的同时能够实现利润最大化。

依据上述分解公式，通过因素替代法，可以分别评估这两个因素变化对流动资产周转率的影响程度。

流动资产垫支周转率的影响=（报告期流动资产垫支周转率－基期流动资产垫支周转率）×基期成本收入率

成本收入率的影响=报告期流动资产垫支周转率×（报告期成本收入率－基期成本收入率）

（二）存货周转速度分析

存货周转率通常通过营业成本与平均存货余额的比率来衡量，以揭示企业的存货规模是否适宜以及其周转效率。其计算公式如下。

$$存货周转率（周转次数）=\frac{营业成本}{存货平均余额}$$

$$存货周转天数 = \frac{存货平均余额 \times 计算期天数}{营业成本}$$

企业存货的周转过程涉及多个环节。首先，通过投入货币资金，采购生产经营所需的原材料，从而形成材料存货。接着，这些材料被投入生产过程中进行加工，进而转化为在产品存货。随后，经过加工的在产品完成生产，转变为产成品存货。最终，这些产成品通过销售转换为货币资金，标志着一个存货周转周期的圆满结束。

（三）应收账款周转速度分析

应收账款周转率是指在特定时期内，企业通过赊销所获得的净收入与平均应收账款余额之间的比率，它用以衡量应收账款的回收效率，通常以周转次数的形式展现。其计算公式如下。

$$应收账款周转率（周转次数） = \frac{赊销收入净额}{应收账款平均余额}$$

应收账款指的是在商品或服务交易过程中形成的债权资产，它不仅限于会计核算中的"应收账款"科目，通常涵盖了应收账款和应收票据两个方面。

应收账款周转率反映了在一年内应收账款转换为现金的平均频率，它揭示了应收账款的变现能力以及企业的收款效率。通常情况下，周转率越高，意味着企业的财务状况越为理想，原因包括：

首先，快速地收款能够节省营运资金；

其次，它有助于降低坏账损失的风险；

再次，能够减少收账过程中的相关费用；

最后，高周转率也意味着资产的流动性较强。

反映应收账款周转效率的另一项重要指标是应收账款周转天数，该指标也常被称作应收账款账龄或应收账款的平均收款期限。其计算公式如下。

$$应收账款周转天数 = \frac{计算期天数}{应收账款周转率}$$

$$=\frac{应收账款平均余额 \times 计算期天数}{赊销收入净额}$$

$$=\frac{应收账款平均余额}{平均每日赊销收入净额}$$

在分析过程中，通过对比本期数据与前期数据、计划目标以及同行业领先企业的先进水平，可以清晰地掌握应收账款周转率的变化趋势、计划执行的成效以及与行业先进水平之间的差距。

四、固定资产营运能力分析

（一）固定资产产值率分析

固定资产构成了企业生产活动的核心工具，其使用效率能够通过产出的产品（即产值）直接反映。通过比较一个特定时期内按不变价格计算的产值与固定资产的平均总值，可以得出固定资产的产值率。其计算公式如下。

$$固定资产产值率=\frac{总产值}{固定资产平均总值} \times 100\%$$

在上述公式中，分母可以采用固定资产的原值或者净值，具体选择取决于分析的目标和需求。

首先，若要分析固定资产的规模及其生产能力，应选用原值作为指标。

其次，若分析的焦点在于固定资产的资金占用情况，则应采用净值作为指标。

由于计算基础的差异，固定资产产值率存在三种不同的表述方式。

$$生产设备产值率=\frac{总产值}{生产设备平均总值} \times 100\%$$

$$生产用固定资产产值率=\frac{总产值}{生产用固定资产平均总值} \times 100\%$$

$$\text{全部固定资产产值率} = \frac{\text{总产值}}{\text{全部固定资产平均总值}} \times 100\%$$

(二)固定资产周转率分析

固定资产周转率是指在特定时期内,营业收入与固定资产平均总额之间的比率。其计算公式如下。

$$\text{固定资产周转率(周转次数)} = \frac{\text{营业收入}}{\text{固定资产平均总值}}$$

该指标揭示了每投入一元固定资产所能产生的营业收入。鉴于营业收入能够体现产品数量与质量的社会认可度,并且规避了总产值计算中可能遇到的问题,因此,相较于固定资产产值率,它更能精准地衡量固定资产的使用效率。

分析固定资产周转率变动的原因,可依据下面的分解式进行。

$$\text{固定资产周转率} = \frac{\text{总产值}}{\text{固定资产平均总值}} \times \frac{\text{营业收入}}{\text{总产值}}$$

$$= \text{固定资产产值率} \times \text{产品销售率}$$

显然,为了提升固定资产周转率,不仅需要增强固定资产的产值效率,还必须确保生产和销售之间的平衡。

第三节 企业盈利能力分析

一、企业盈利能力及其分类

企业盈利能力,也常被称作资金或资本的增值能力,其衡量标准主要基于企业在特定时间段内所获取的收益数额及其质量。这一概念融合了绝对与相对两个维度。从绝对角度看,它聚焦于利润的规模,常通过每股收益这一指标来衡量。而从相对角度审视,它则关注利润与资源投入或收入之间的比例关系。当利润率上升时,企业的盈利能力也随之增强;反之,利润率下降则预示着盈利能力的削弱。依据企业经营方式的不同,我们可以将相对概念下的企业盈利能力进一步细化为资产经营盈利能力、资本经营盈利能力以及商品经营盈利能力。

二、每股收益分析

(一)每股收益的内涵与指标

每股收益,即每股税后利润或每股盈余,是衡量企业税后利润与股本总数之比的关键指标。其清晰地揭示了普通股股东每股所享有的企业净利润或需分担的企业净亏损。每股收益不仅是反映企业经营业绩的晴雨表,更是评估普通股盈利潜力和投资风险的重要工具。对于投资者等利益相关方而言,每股收益是评价企业盈利能力、预测其成长趋势,并据此做出经济决策的重要依据。值得注意的是,每股收益可细分为基本每股收益和稀释每股收益两类。

1.基本每股收益

基本每股收益,即归属于普通股股东的当期净利润与已发行普通股的加权平均数之比。基本每股收益的计算公式如下。

$$基本每股收益 = \frac{净利润 - 优先股股息}{发行在外的普通股加权平均数(流通股数)}$$

2.稀释每股收益

在企业拥有稀释性潜在普通股的情况下,必须分别对归属于普通股股东的当期净利润和流通中的普通股加权平均数进行调整,以便计算出稀释后的每股收益。目前,我国企业发行的潜在普通股主要包括可转换公司债券、认股权证以及股份期权等类型。

在计算稀释每股收益时,必须对归属于普通股股东的当期净利润进行以下调整:包括当期确认为费用的稀释性潜在普通股的利息,以及稀释性潜在普通股转换时产生的收益或费用。此外,还需调整当期已发行普通股的加权平均数。其计算公式如下。

$$稀释每股收益 = \frac{净利润 + 假设转换时增加的净利润}{发行在外的普通股加权平均数 + 假设转换所增加的普通股股数加权平均数}$$

(二)现金流量指标的补充

每股经营现金流量,亦即每股经营活动产生的净现金流量,是通过将经营活动产生的净现金流量除以流通中的普通股加权平均数计算得出的比率。该指标揭示了每一份流通中的普通股平均所能占有的经营活动产生的净现金流量。数值越高,意味着公司用于资本支出和支付股息的能力越强。其计算公式如下。

$$每股经营现金流量 = \frac{经营活动净现金流量}{发行在外的普通股股数加权平均数}$$

三、资产经营盈利能力分析

(一)资产经营盈利能力的内涵与指标

资产经营盈利能力指的是企业通过运作其总资产来创造利润的能力。衡量这一能力的关键指标是总资产报酬率,代表了息税前利润与平均总资产之间的比例。其计算公式如下。

$$总资产报酬率 = \frac{利润总额 + 利息支出}{平均总资产} \times 100\%$$

$$平均总资产 = (期初资产总额 + 期末资产总额)/2$$

（二）影响资产经营盈利能力的因素

1.总资产周转率

总资产周转率衡量的是企业每单位资产（以货币计量，单位为元）所产生的收入。作为评估企业资产运营能力的关键指标，其揭示了企业资产的运用效率，并直接反映了企业资产经营的成效。

2.销售息税前利润率

销售息税前利润率体现了每单位销售收入所产生的利润水平。这一指标揭示了企业产品盈利的能力，产品盈利能力愈强，销售息税前利润率便愈高。

$$总资产报酬率 = 销售息税前利润率 \times 总资产周转率$$

（三）现金流量指标的补充

对资产经营盈利能力起到补充效果的现金流量指标中，最为关键的是全部资产现金回收率。这一比率具体指的是企业在经营活动中所产生的净现金流量与其平均总资产之间的比值。作为总资产报酬率的一个有益补充，它深刻揭示了企业利用现有资产获取现金的能力，并有效衡量了企业资产转化为现金的效能。其计算公式如下。

$$全部资产现金回收率 = \frac{经营活动净现金流量}{平均总资产} \times 100\%$$

四、资本经营盈利能力分析

（一）资本经营盈利能力的内涵与指标

资本经营盈利能力，指的是企业利用所有者投入的资本进行经营活动并产生利润的能力。这一能力不仅基于企业内部自我积累的资本，也涵盖了通过外部扩张手段，诸如并购、资产重组、参股等方式获取的资本。衡量该能力的核心指标是净资产收益率，即企业当期净利润相对于其平均净资产的比率,其计算公式如下。

$$净资产收益率 = \frac{净利润}{平均净资产} \times 100\%$$

净资产收益率是衡量企业盈利能力的关键指标。企业的基本目标是最大化所有者权益或股东价值,而净资产收益率直接体现了资本的盈利潜力,最终影响企业股东价值的规模。该指标的数值越高,表明企业的盈利能力越强。通常,可以通过将企业的净资产收益率与社会平均利润率、行业平均利润率或资本成本率等指标进行比较,来评估企业的盈利能力。

(二)影响资本经营盈利能力的因素

1. 总资产报酬率

净资产代表了企业资产净值的组成部分,因此,其收益率不可避免地受到企业总资产收益率的影响。在负债利率和资本结构等其他因素保持不变的前提下,总资产收益率的提高将直接导致净资产收益率的上升。

2. 负债利息率

在给定的资本结构下,若总资产收益率超过负债的利息率,那么负债的利息率越低,财务杠杆带来的利益就越大;反之,负债的利息率越高,财务杠杆的利益就越小。相反,如果总资产收益率低于负债的利息率,负债的利息率越高,财务杠杆导致的损失就越大;而负债的利息率越低,财务杠杆的损失则相对较小。

3. 资本结构或负债与所有者权益之比(产权比率)

当总资产收益率超过负债的利息率时,增加负债相对于所有者权益的比例将导致净资产收益率上升;相反,若降低负债与所有者权益的比例,则净资产收益率会相应下降。

4. 所得税税率

通常情况下,所得税税率提高,净资产收益率降低;所得税税率降低,净资产收益率提高。

净资产收益率的计算公式也可以表示如下。

$$净资产收益率=\left[总资产报酬率+(总资产报酬率-负债利息率)\times\frac{负债}{净资产}\right]\times(1-所得税税率)$$

(三) 现金流量指标的补充

通过计算现金流量相关指标，可以修正并补充企业的盈利能力指标，这有助于从多角度、全面地分析企业的盈利状况。观察企业将利润转化为现金流量的能力，有助于评估其利润质量。现金流量指标在资本经营盈利能力方面起到补充作用，主要包括以下几项。

1. 净资产现金回收率

净资产现金回收率指的是企业经营活动产生的净现金流量与平均净资产之间的比率。

2. 盈利现金比率

盈利现金比率，或称盈余现金保障倍数，是衡量企业净利润与经营活动净现金流量相对关系的一个重要指标。其计算公式如下。

$$盈利现金比率=\frac{经营活动净现金流量}{净利润}\times100\%$$

通常而言，盈利现金比率较高意味着企业的盈利质量较为优良。当该比率低于 1 时，表明当期的净利润中包含了尚未转化为现金的收入部分。在这种情形下，即便企业实现了盈利，也可能面临现金不足的风险，这可能会引发企业资金链的紧张，甚至导致企业陷入破产的困境。

五、商品经营盈利能力分析

商品经营盈利能力分析专注于排除企业的筹资和投资活动，仅探讨利润与收入或成本之间的比例关系。该分析揭示了商品经营盈利能力的两个主要指标：首先是不同利润额与收入之间的比率，这一比率被称为收入利润率；

其次是不同利润额与成本之间的比率,这一比率则被称为成本利润率。

(一)收入利润率分析

反映收入利润率的关键指标主要包括以下几点。

第一,营业收入利润率,衡量的是营业利润与营业收入之间的比率。

第二,营业收入毛利率,该比率通过计算营业收入与营业成本的差额,再与营业收入进行比较得出。

第三,总收入利润率,该指标涉及利润总额与企业总收入的比率。企业总收入包括了营业收入、投资净收益以及营业外收入。

第四,销售净利润率,它反映了净利润与营业收入之间的比率。

第五,销售息税前利润率,该比率是通过息税前利润额与营业收入的比较得出的。息税前利润额是指利润总额与利息支出的总和。

(二)成本利润率分析

存在多种指标可以反映成本利润率,以下是主要的几个。

第一,营业成本利润率,其衡量的是营业利润与营业成本之间的比率。

第二,营业费用利润率,指的是营业利润与营业费用总额的比率。营业费用总额涵盖了营业成本、税金及附加、管理费用、销售费用、财务费用、研发费用以及资产减值损失。

第三,全部成本费用利润率,该指标可以进一步细分为两种不同的形式。

全部成本费用总利润率,其计算公式如下。

$$全部成本费用总利润率 = \frac{利润总额}{营业费用+营业外出支出} \times 100\%$$

全部成本费用净利润率,其计算公式如下。

$$全部成本费用净利润率 = \frac{净利润}{营业费用+营业外支出} \times 100\%$$

数值较高的成本利润率指标表明,企业每投入一元的成本和费用能够获得更多的利润,从而反映出更高的劳动效率和成本效益;相反,数值较低的成本利润率则意味着企业每投入一元成本和费用所获得的利润较少,劳动效率和成本效益较低。因此,成本利润率是衡量企业成本效益的关键指标。

(三)现金流量指标的补充

销售获现比率,作为衡量商品经营盈利能力的现金流量指标的补充,体现了企业通过销售活动转换现金的能力。该比率是通过将销售商品和提供劳务所收到的现金与营业收入进行对比得出的。其计算公式如下。

$$销售获现比率 = \frac{销售商品、提供劳务收到的现金}{营业收入} \times 100\%$$

第四节　企业发展能力分析

一、企业发展能力及其分类

企业的发展能力,也称作企业成长能力,是指企业扩展规模、增强实力的潜在能力。在分析企业的发展能力时,主要关注以下指标:股东权益增长率、净利润增长率、收入增长率、资产增长率。在计算这些指标时,必须综合考量,以全面评估企业的发展能力。

二、发展能力指标分析

(一)股东权益增长率

股东权益增长率,作为衡量股东财富增长的一个重要指标,是通过计算本期股东权益的增加额与期初股东权益余额之间的比例得出的,也被广泛称为资本积累率。这一比率直接反映了公司股东权益的增长态势。其计算公式如下。

$$股东权益增长率 = \frac{本期股东权益增加额}{股东权益期初余额} \times 100\%$$

为了准确评估和预测企业股东权益规模的发展趋势与水平,应当对比企业在不同时间段内的股东权益增长率。

(二)净利润增长率

企业的成长与盈利及其增长紧密相关。鉴于净利润反映了企业经营绩效的全面成果,其增长便成为衡量企业成长性的核心指标。因此,在实际分析中,通常采用净利润增长率来评估企业的发展能力。

净利润增长率衡量了企业本期净利润的增加额与上期净利润之间的比率,从而揭示了企业净利润增长的态势。其计算公式如下。

$$净利润增长率 = \frac{本期净利润增加额}{上期净利润} \times 100\%$$

需要注意的是,若上一期的净利润为负数,则在应用该计算公式时,分母应采用其绝对值。

(三)收入增长率

收入是利润的根基,因此,对利润增长的剖析必须与收入增长的分析相结合。企业的销售业绩越佳,表明其在市场上的占有率越高,所获得的营业收入也越丰厚,从而为企业的生存和发展拓展了更广阔的市场空间。

收入增长率指的是本期营业收入的增长额与上期营业收入的比率,体现了企业在销售领域的发展潜力。其计算公式如下。

$$收入增长率 = \frac{本期营业收入增加额}{上期营业收入} \times 100\%$$

若上期营业收入为负数,则计算公式中的分母应采用其绝对值。

(四)资产增长率

为了提升收入,企业必须增加资产的投入。资产增长率是指本期资产增加额与期初资产余额(即上期末的资产总额)的比例,它揭示了企业在资产投资方面的增长态势。其计算公式如下。

$$资产增长率 = \frac{本期资产增加额}{资产期初余额} \times 100\%$$

为了全面了解企业资产规模的增长趋势和增长水平,应当比较企业不同阶段的资产增长率。一个处于健康成长期的企业,其资产规模理应持续扩大。若资产规模时而增长时而减少,这可能表明企业的经营活动不稳定,同时也暗示企业缺乏良好的发展潜力。因此,通过比较企业不同阶段的资产增长率,我们能够准确评估其资产规模的发展潜力。

三、企业发展能力综合分析

在评估企业的成长潜力时,必须综合考量四种关键的增长率指标,以便准确地评价企业的整体发展状况。通常情况下,只有当企业的股东权益增长率、净利润增长率、收入增长率以及资产增长率均实现同步上升,并且超过行业平均水平时,才能认定该企业具备强劲的发展潜力。

根据上述分析思路可形成企业整体发展能力分析框架,如图 6-1 所示。

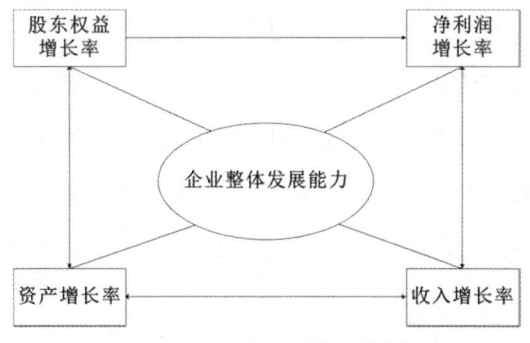

图 6-1 企业整体发展能力分析框架

第七章　认知绩效与绩效管理

第一节　绩效

一、绩效的概念

绩效（performance）这一术语源自西方，属于管理学领域的一个核心概念，其基本含义是指工作中的表现和成就。

"绩效"作为绩效管理工作体系建设的逻辑起点，对其作出精确、正确、科学的定义和阐释至关重要。然而，在现实世界中，不同学科和领域、不同性质的社会组织，以及组织发展的不同阶段，人们对"绩效"这一概念的理解和认知存在显著差异。

在企业的日常经营和管理实践中，许多管理者将"绩效"理解为工作的效果与效率。为了便于表达和理解，人们有时会选择"业绩""成绩"或"工作结果"等词汇来近似描述。虽然这些替代词在一定程度上有助于通俗易懂地交流，但实际应用表明，它们的应用范围有限，且无法全面准确地传达含义，缺乏足够的概括性。"绩效"一词不仅能够精确地体现英文中performance的本意和深层含义，而且经过在不同领域的多年运用和发展，已被国内外学者和管理者广泛认可和采纳。

（一）绩效是一种态度表现

以服务行业为例，对于从事该行业的员工而言，工作态度在很大程度上能够反映和说明员工的工作绩效。以酒店业为例，无论是前台接待、宾客关系经理（也称大堂经理）、客房服务员还是餐厅服务员，他们亲切的服务态度、灿烂的微笑以及专业化的客户服务流程，都能为客人留下深刻而美好的印象，进而赢得良好的口碑。因此，从这个角度来看，绩效与工作态度密不可分。

（二）绩效就是工作行为

在企业的日常管理活动中，管理者通过与员工的沟通交流、授权监督、工作指导及培训、技能传授和示范等具体行为和措施来实现组织的工作计划和目标。这些行为构成了管理者的绩效。相应地，员工在工作中不折不扣地执行任务，确保任务的质量和数量，这些过程和行为同样体现了员工的绩效。因此，工作行为同样是绩效的一种体现。

（三）绩效是工作的结果

专业的工作行为往往能够带来卓越的绩效成果。因此，工作态度与工作行为是实现绩效目标的关键要素，而工作成果则是态度和行为的直接反映。换言之，绩效是员工工作态度、工作行为以及工作成果的综合体现。此外，在企业绩效管理的过程中，态度、行为和结果通常被视为员工绩效评估的三个核心维度，这在一定程度上支持了笔者对"绩效"这一概念的阐释。

二、绩效的两个层面

（一）组织绩效

组织绩效，更准确地讲，是指"组织层面的绩效"。这一概念涉及一个组织在特定考核周期内，其绩效目标的达成程度以及绩效成果的优劣。体现了团队整体的工作成绩、成果和效率。从企业管理的视角来看，组织这一术语涵盖了广泛的范围，包括整个集团公司、单一的（子）公司、一个部门、一个业务单元，甚至一个小团队。因此，组织绩效的评估也是基于组织的范围和规模的。

尽管组织的概念和范围可以非常广泛，既可宏大也可细微，但在绩效管理的实际操作中，通常讨论的组织绩效主要涉及两个层面：公司层面和部门层面。

（1）公司层面的组织绩效反映了公司在特定考核周期内，其总体战略目标、工作计划以及年度目标和计划的实现程度。同时也是衡量公司领导层领导能力、团队合作精神以及团队工作成效的重要指标。

（2）部门层面的组织绩效则展示了在相同考核周期内，一个部门的所有员工对于既定绩效目标的达成情况。它体现了部门负责人在领导力、团队合作以及工作成果方面的表现。

（二）个人绩效

个人绩效，或称岗位绩效，是个人工作成效的直接体现。其包含了员工在特定考核周期内的工作态度表现、工作行为规范性、工作目标达成状况，以及工作成果的实际达成与贡献。

三、影响绩效的因素

（一）影响组织绩效的因素

（1）团队成员的素质。素质由工作态度（素养）、知识积累与技能掌握等多个维度构成，它们共同构成了影响及决定组织绩效的核心要素。当组织拥有一支优秀的员工队伍时，卓越的绩效便应运而生；相反，若团队中成员的工作态度（素养）、知识水平及技能水平参差不齐，则很可能成为制约组织绩效提升的绊脚石。选拔与培养适合岗位需求的人才对于组织绩效至关重要。

（2）最高领导者的领导能力。领导能力涵盖了领导力、授权能力、激励能力、抗压能力、管理技能、专业知识以及知识的多样性、识人能力等多个方面。一个领导者综合的领导能力在很大程度上影响并决定了团队的整体"战斗力"，同时也对组织绩效水平产生决定性作用。在电视剧《亮剑》中，李云龙展现了一位极具能力的领导者形象，他既勇敢又机智，既有胆识又有魄力。在他的领导下，"狭路相逢勇者胜"的精神和信念得到了出色地执行和传承，从而塑造了一个近乎神话般的团队。常言道："兵熊熊一个，将熊熊一窝"，这句话实际上阐述了领导者的能力与组织绩效之间的密切关系。

（3）团队的目标。对于一个团队而言，拥有明确的目标是其成为真正团队的标志；缺乏目标，则不过是一群男人和女人的简单集合。因此，确立目标对于团队而言至关重要，在团队的成长、激励和管理中扮演着核心角色。团队的绩效目标可以多样化，包括数量、速度、质量、成本、客户满意度等多个维度，这些目标应根据团队的具体情况来设定。

（二）影响个人绩效的因素

（1）员工的工作态度、技能水平、知识储备、IQ（智商）、EQ（情商）、AQ（逆境应对能力）等综合素质。

（2）工作的吸引力，即员工对其所从事的工作是否持有浓厚的兴趣和热情。

（3）工作目标的设定、计划的制定、资源的配置以及过程的监控等关键要素。

（4）工作所涉及的组织流程、部门间的协作与沟通，以及高效的工作方法。

（5）工作环境，包括企业文化氛围、物理环境以及和谐的人际关系。

（6）企业的管理机制，包括战略规划、组织架构、领导指挥、监督评估、控制调整、激励机制以及反馈循环等核心环节。

第二节　绩效管理

一、绩效管理的概念

绩效管理旨在实现员工的绩效目标，激发员工不断进步，并最终达成企业的战略目标。这一过程通过四个阶段——绩效计划、绩效辅导、绩效考核、绩效改进及结果应用——得以实现，并持续循环。

从技术和方法论的视角来阐释绩效管理，涉及管理者与员工共同设定绩效目标，接着挑选并确定关键绩效指标（KPI）、制定绩效考核标准、建立绩效指标库，以及拟定绩效考核管理制度。在绩效实施阶段，通过绩效辅导，管理者对员工的工作态度和行为进行调整，不断识别并解决员工工作中的缺陷和不足，同时帮助员工找到改善这些"短板"的策略。这一过程旨在激励和辅助员工达成绩效目标，进而支持组织战略目标的实现。

从绩效管理全面运作的流程和核心要素出发，绩效管理在历经绩效计划、绩效辅导、绩效考核、绩效反馈与改进，以及结果应用的四个核心环节中，会面临一系列挑战，这些都需要给予高度的重视并寻求解决方案。对以下问题的深刻把握，能进一步揭示绩效管理的真谛。

（1）管理者需与员工就工作目标与达成路径建立明确且共同的认知。

（2）绩效管理高度重视绩效过程中的辅导、面谈环节，以及员工个人能力的持续提升。

（3）绩效管理不仅聚焦于最终的绩效成绩，也深入探究绩效目标实现的每一步过程。

（4）绩效管理旨在通过客观评价已取得的绩效，同时激励并促进未来的绩效改进。

二、绩效管理的分类

根据绩效管理的定义和分类，并结合管理咨询的实践经验，绩效管理在实施过程中通常被划分为两大主要类别：组织绩效管理和个人绩效管理。进一步细分，组织绩效管理包括部门级别的绩效管理和公司级别的绩效管理。

（一）组织绩效管理

部门层面的组织绩效管理，通常称为"部门组织绩效"，是由企业高层管理者（例如董事会或总经理）根据公司的整体战略目标和工作计划、部门的职能定位以及部门的年度（或更长期）工作目标和计划，将部门的工作目标和计划具体化为绩效考核指标和标准。随后，高层管理者会定期对部门执行绩效考核，这是一种绩效管理方法。部门组织绩效的评估对象可以是整个部门团队，或是部门的负责人。

公司层面的组织绩效管理，简称"组织绩效"，是由企业董事会或出资人根据公司总体战略目标和工作计划，以及年度（或更长时间段）的工作目标和计划，将这些长期或短期的工作目标和计划具体化为绩效考核指标和标准。随后，定期对公司的目标实现情况进行评估，这是一种绩效管理方法。通常情况下，总经理是这一绩效考核的主要对象。

（二）个人绩效管理

个人绩效管理，也称为岗位绩效或个人层面的绩效评估，是部门管理者依据部门的经营目标和计划，结合岗位职责，对岗位承担者实施的一系列管理活动。这些活动包括提取绩效考核指标、制定考核标准、提供绩效辅导、执行绩效考核、推动绩效改进以及应用绩效结果。

（三）组织绩效和个人绩效的区别

从绩效管理的学术探讨与实际操作的双重维度出发，组织绩效与员工绩效之间存在着显著的差异,这些差异可以细致划分为以下四个核心方面。

1.考核对象不同

在大多数情况下,组织绩效指的是对一个组织或团队进行的绩效评估,这里的组织可以指一家企业、一个团队、一个业务单元、一个部门或一个小组。而个人绩效考核则针对的是特定的职位,例如企业总经理、部门经理或普通员工等岗位。

2.绩效指标提取方法不同

在企业绩效管理的实践中,组织绩效的考核指标源自企业的战略规划与年度工作计划。提取这些指标的途径和方法包括企业总体战略目标的分解、业务战略分析、战略地图的制定以及部门鱼骨图的绘制,这些都是提取指标最有效、最常用且最科学的方法。至于员工层面的绩效考核指标,则来源更为多样。它们不仅包括从部门鱼骨图中提取的绩效考核指标,还有从职位说明书中的PRI(岗位职责指标)提取的,以及基于岗位胜任力要求的PCI(岗位胜任特征指标)、态度及行为类的WAI(工作态度指标)和NNI(否决指标)等。这些都可以作为岗位层面的KPI指标来使用。

3.考核周期不同

在评估组织绩效时,考核的对象是整个组织。因此,在进行实际的绩效评估时,会依据组织的结构层级、规模、员工人数、管理范围、业务种类及特点,来设定相应的绩效考核周期。一般而言,组织绩效考核周期可以设定为季度、半年或年度。至于员工绩效,考核对象为个别员工,通常建议以月度或季度为考核周期。然而,对于某些特定职位,例如总经理、事业部总经理、研发总监以及研发工程师等,由于这些岗位及其工作性质的特殊性,常规的月度或季度考核周期可能并不适用。在这种情况下,考核周期可能会延长至半年度、年度,甚至更长。

4.考核结果应用对象不同

关于组织绩效与员工绩效考核结果的应用对象,其实很容易区分:组织绩效的考核结果主要应用于组织本身,而员工绩效的考核结果则直接关联到员工个人。这种区分是直接而明确的。然而,在绩效管理的实际操作中,组织绩效的评估往往集中在该组织的领导者身上,例如部门经理。这就导致了一个有趣的现象:尽管组织绩效的评估对象是整个组织,但其结果却常常直接影响到组织的领导者。这是一个需要特别注意的特殊情况,若非深入绩效管理实践,这一问题很容易被忽视。

三、绩效管理的作用

(一)促进企业战略目标的达成

绩效管理本质上遵循 PDCA[plan(计划)、do(执行)、check(检查)和 act(处理)]循环,通过四个阶段——绩效计划、绩效辅导、绩效考核、绩效改进和结果应用——实现持续的循环管理。这一过程旨在提升员工及组织的绩效水平。在管理过程中,持续关注员工的工作态度、行为和方法至关重要,以便及时识别并解决工作中的不足和短板。通过绩效辅导,能够助力员工提高绩效,达成个人绩效目标,确保部门工作计划的实施,并最终实现公司的总体战略目标和经营规划。

(二)发现问题和解决问题

绩效管理是一个持续的循环过程,涉及计划的制定、执行、检查和改进,遵循 PDCA 原则。在绩效管理的整个执行过程中,从确定具体的绩效目标、制定绩效指标、设定考核标准,到绩效的实施与辅导、绩效面谈,以及绩效改进等环节,都可能揭示与企业战略目标、经营计划以及部门和个人绩效目标实现相关的问题。因此,绩效管理实质上是一个连续发现、识别和解决这些问题的过程。

（三）分配利益和激励员工

绩效管理工作能够评估在特定考核周期内组织或员工的绩效表现和成果。为了确保绩效管理能够有效地激励员工持续进步，通常会将绩效考核结果与员工的个人利益紧密相连，应用于薪酬管理、奖金分配、职位晋升、员工培训等多个领域。例如，员工的薪资通常由两部分组成：固定工资和绩效工资。绩效工资的分配直接与员工的绩效考核结果挂钩，这是绩效管理中绩效结果应用的一个典型例证。

（四）促进企业与员工共同成长

绩效管理实施的最终目的并不仅仅是进行员工利益分配和其他方面的应用，而是通过绩效管理的持续循环和螺旋提升过程，实现企业与员工的共同进步和成长，为企业战略目标的达成奠定基础。换句话说，只有当员工的态度、行为、技能得到提升，企业的战略目标才有可能实现和达成。

四、绩效管理的执行过程

在绩效管理的咨询实践和相关书籍中，对于绩效管理执行过程的分类通常有两种观点。

（1）一个完整的绩效管理执行过程应当涵盖五个关键方面：绩效计划、绩效辅导、绩效考核、绩效反馈与申诉以及绩效结果的应用。

（2）绩效管理的整个流程包含四个主要阶段：绩效计划、绩效辅导、绩效考核、绩效改进以及结果的应用。

两种观点在最终阶段对工作内容的定义上存在差异。实际上，在绩效咨询的实际操作中，这两种观点均具有其合理性。这种现象不难理解，因为企业的成长阶段、规模、员工人数以及业务性质等多种因素，都会影响企业对绩效反馈、绩效面谈以及绩效申诉等环节的时间安排。某些任务可能需要提前处理，而另一些则可能需要推迟。例如，原本计划在 1 至 2 天内集中完成的任务，可能因客观条件限制而不得不延长至半个月甚至一个月，如绩效面谈。

根据咨询实践经验，绩效管理遵循 PDCA 循环的工作流程。通过每个考核周期的持续 PDCA 循环，不断地揭示问题和不足之处，同时不断地寻求解决方案，从而推动绩效管理进入一个螺旋式上升的进程。

（一）绩效计划

绩效计划构成了绩效管理 PDCA 循环的起始点，涉及考核者与被考核者之间就考核目标、关键绩效指标、考核标准、绩效结果及其应用等方面进行的面谈、确定和签订绩效合同的过程。在整个绩效管理流程中，绩效计划阶段实际上承担了准备所有前期必要内容的任务，包括但不限于考核指标的制定、考核标准的设定、绩效指标库的构建以及绩效管理制度的建立。这些准备工作为后续绩效管理工作的顺利进行奠定了坚实的基础。

（二）绩效辅导

绩效辅导构成了绩效管理体系的第二个关键环节。在这个环节中，管理者与员工共同参与，就执行绩效计划的各个方面进行深入交流。这些方面包括但不限于：工作安排和进展情况的讨论，以确保绩效目标和指标的达成；识别和分析可能妨碍工作目标实现的潜在障碍和问题；探讨和制定解决问题的策略和措施；评估员工所取得的成就以及存在的问题；以及管理者如何提供支持，以助员工更有效地实现绩效目标。

（三）绩效考核

绩效考核构成了绩效管理体系中的第三个阶段。在这一环节中，核心任务包括收集和汇总考核信息及数据、提交考核信息以及进行沟通协调、执行评分，以及对考核结果进行汇总和分析。因此，可以归纳出绩效考核过程实际上对应了人们通常所理解的"绩效考核"的狭义概念，即企业组织进行评分和执行的过程。

（四）绩效改进和结果应用

绩效改进与结果应用构成了绩效管理周期的终章，同时也是新周期的开端。这一环节是连接绩效考核阶段与随后绩效管理循环中绩效计划阶段的桥梁。

绩效管理的核心在于绩效改进，这一过程涉及识别员工在工作表现上的不足和弱点。管理者在此过程中扮演着关键角色，他们帮助员工诊断导致绩效差异的根本原因，并与员工共同拟定具体的改进策略和计划。通过执行这些策略，员工的工作技能和绩效成果得以持续提升。

绩效考核结果的应用是基于员工的绩效评估，对员工的绩效成绩进行横向比较。对于那些在绩效考核中表现出色的员工，将通过各种激励和奖励措施予以认可；而对于那些绩效表现不佳的员工，则会采取相应的负向激励措施。通常，绩效结果会被应用于以下五个关键领域：薪酬管理、奖金分配、岗位调整、培训发展以及职业规划。

第三节　绩效管理相关知识和误区

一、绩效考核不等于绩效管理

直截了当地说，谈及"绩效考核并非绩效管理的全部"或许是个略显沉闷的话题。但之所以要深入这个话题，是因为在职场环境中，会频繁地听到从事人力资源工作或与之紧密相关的人士提及它，而且相当数量的人群对于"绩效管理与绩效考核"之间的概念及其关联存在模糊认知。基于此，下面将依托绩效管理的理论框架与实际运作，来剖析"绩效考核并非绩效管理的全部"这一观点,实质上是对"绩效管理与绩效考核"两者概念及其内在联系的一次详尽阐述。

(一)绩效管理是一个遵循 PDCA 循环的过程

绩效管理,这一概念涉及企业各级管理者与员工,旨在实现组织的战略目标和工作计划。通过制定各部门或岗位的绩效计划、进行绩效辅导与沟通、执行绩效考核与评价,以及推动绩效改进和结果应用,绩效管理构成了一个旨在提升和持续优化绩效目标的循环过程。其核心目的在于不断增进个人、部门及整个组织的绩效水平,进而支持组织的经营发展和战略规划的实现。绩效管理通常遵循 PDCA 循环原则,涵盖四个主要步骤和阶段。如图 7-1 所示。

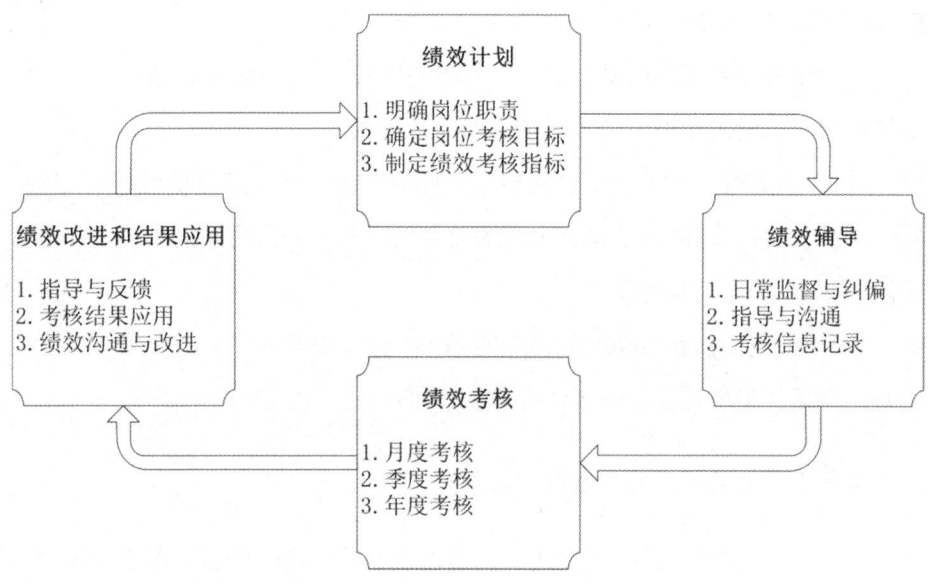

图 7-1 绩效管理就是一个 PDCA 循环

(二)绩效考核是绩效管理的一个环节

绩效考核,作为企业内部管理的一项关键活动,旨在通过系统化的流程,由各级考核者根据预设的工作目标与绩效考核标准,对员工在考核周期内的任务完成质量、工作绩效、技能成长及能力展现进行全面且客观地评价。这一过程中,考核者采用科学的方法,确保评价的公正性与准确性,并将评价结果及时反馈给员工。从绩效管理的 PDCA 循环视角来看,绩效考核正是这一循环中不可或缺的"检查"(Check)阶段,起承上启下的作用,既是对前一阶段"执行"(Do)的总结,又为后续的"行动"(Act)提供了重要的参考依据。

(三)绩效管理与绩效考核的关系

绩效管理作为一个整体性、系统性的框架,涵盖了从绩效计划的精心编制,到绩效过程的不懈监督与指导,再到绩效执行成效的严谨评估,以及最终的绩效改进与结果应用等全面步骤与流程。这一系列环节旨在协同作用,推动企业高效达成既定的经营发展目标与战略规划。

全面审视绩效管理的整个流程,并参考绩效管理的 PDCA 循环图示,可以清晰辨识出绩效管理与绩效考核之间的紧密联系:

(1)绩效考核构成了绩效管理四大环节中的一环,其重要性不言而喻。

(2)绩效管理的内容体系中,绩效考核的内容占据关键位置,二者相互交融,不可分割。

(3)绩效考核在推动绩效管理的 PDCA 循环中发挥着关键作用,为绩效管理的持续优化与进步提供了强有力的支撑。

(四)绩效管理与绩效考核的区别

(1)绩效管理构成一个系统,它遵循 PDCA 持续循环的原理和过程。

(2)绩效考核则是一个特定阶段,主要负责完成考核、评价和评分的工作。

(3)需要明确的是,绩效管理并不等同于绩效考核,同样,绩效考核也不应与绩效管理混为一谈。

二、360度考核法不是考核方法

所谓的 360 度评估方法，其评估结果并不适用于评价员工的工作表现和成果，亦不宜用以进行员工间的横向绩效比较。

360 度考核法是一种全面的评估体系，涉及员工的上级领导、同级同事、下属同事（对于没有下属的员工，此维度不进行评估）、客户以及员工自我评价。由于该方法从多个角度对员工的工作表现进行全面评价，故形象地称之为360度考核法。

在人力资源领域，每当提及绩效评估的方法时，众多人力资源管理者能够如数家珍般列举出众多评估方法，特别是对于所谓的 360 度评估法，许多人力资源从业者不仅能够分享其应用方法、心得和技巧，而且普遍对其在绩效管理中的广泛适用性、适应性和科学性抱有坚定信念，甚至崇拜。

那些曾经在企业内部实施360度评估法的人力资源管理者可能深有体会：首先，这种方法极其复杂且工作量巨大，对一个职位的评估至少需要4~5名同事的评分；其次，在完成一系列复杂、繁琐且耗时的多维度评价后，他们发现该方法得出的结果往往不能真实反映员工的实际绩效，有时甚至会导致"老好人"获得高分，而"老实人"得分偏低的情况。

先通过一张图看一下360度考核法的架构和评分维度，如图7-2所示。

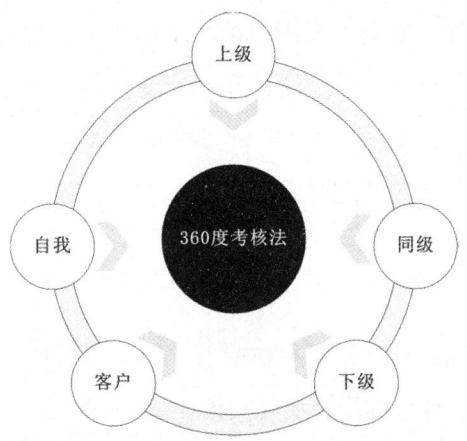

图 7-2　360度考核法的架构和评分维度

下面，就 360 度考核法，逐项解释它的考评维度以及各个考评维度在实操中的应用和细节。

（一）上级评价

上级评价指的是由员工的直接上级对员工的工作表现进行评估的方法。在某些企业中，这种评估还可能涉及上级的上级进行评分。

（二）同级评价

同级评价指的是由与被评估岗位具有工作关联的同等级别同事进行的评估。360 度考核法则是基于同事间对工作情况的深入了解而构建的。

（三）下级评价

为了对下属进行评估，即对拥有下属员工的管理者，赋予其下属进行绩效评估的权力。可以想象，作为下属员工，由于上下级的关系，可能会因为顾及面子或担心上级管理者的报复等原因，导致该评估维度的真实性和可靠性受到质疑。

（四）客户考核

客户维度的考核并非岗位通用的标准，具有一定的局限性。具体而言，只有那些工作涉及与外部客户交流或互动的岗位，才适合应用客户维度的考核。值得注意的是，这里的"客户"主要指的是外部客户。在常规情况下，销售人员、售后服务团队以及客户服务人员是这类考核的主要适用对象。

（五）自我评价

在自我评价方面，评价结果往往引人发笑，同时也令人感到一丝无奈。根据以往的咨询实践评分结果，情况大致如下：

首先，那些自信过头的人：他们总是毫不犹豫地给自己打满分，似乎在金钱的诱惑面前，羞耻感荡然无存。

其次，那些谦虚过度的人：他们象征性地给自己减去 1 到 2 分，仿佛这样就能体现他们对自身工作的谦逊态度。

最后，大多数员工：有 80%～90% 的员工都认为自己的工作表现优秀，理应得到满分。

对于那些有经验的人力资源管理者，特别是那些曾经运用过 360 度考核法的专家们，应该对考核指标和标准有着深刻地理解。在使用这种考核方法对员工进行评估时，通常会为相同性质的职位准备统一的考核表格。也就是说，管理层会使用一套表格，普通员工会使用另一套，或者某一类岗位会使用特定的一套表格。换句话说，管理层的考核指标是统一的，普通员工的考核指标也是统一的，同类型的岗位考核指标亦然。由于采用的是 360 度考核法，因此不会出现"每个岗位一套指标"的情况。

总的来说，360 度考核法并非一种用于绩效评估的工具，因此不宜用于员工绩效的评定，亦不应依据该方法得出的结果对员工间的绩效进行比较。

实际上，360 度考核法的评估结果仅适用于衡量员工与岗位的匹配程度，以及员工与岗位的适应性，而这些结果应被视为参考信息。

第八章 绩效指标考评标准

第一节 绩效指标考评标准

一、绩效指标考评标准的概念

绩效指标考评标准,也称为"绩效指标考核标准"或"绩效指标评价标准",是一个综合性的概念。由"标记"和"标度"两个核心要素构成。根据绩效指标考评的表现形式,可以进一步划分为量化式考评标准和非量化式考评标准。选择"考评"作为术语的原因在于绩效指标包括定性指标和定量指标,而"考评"一词在字面上具有更广泛的涵盖性。因此,相较于"考核","考评"一词更为贴切。所谓标准,即为衡量事物的基准和准则。绩效指标考评标准旨在对员工的绩效完成情况和结果进行评估、定级和排序。简而言之,制定绩效指标考评标准是为了在考核周期内,通过不同的方法和手段,对员工完成工作的质量和效率等方面进行评定和衡量。其目的在于针对不同的绩效指标,采用相应的、恰当的评估方法或计算方式,以判断指标完成的优劣。

为了全面系统地评估组织或员工的绩效,仅依靠绩效考评的指标体系是不足够的。虽然该体系解决了考评项目和内容的具体化问题,实现了对考评项目和内容的"质化",但尚未实现"量化"。只有当绩效考评指标具备了明确的衡量尺度,即考评标准时,才能提升考评的质量,并更有效地发挥绩效管理的功能与作用。建立绩效指标考评标准,不仅使组织与组织、员工与员工之间能够通过纵向对比,用当前的绩效与过去进行比较,从而识别自身的进步与不足,还能进行横向对比,与他人的绩效相比较,发现自己的优势与差距。这样,我们就能借鉴他人之长,补己之短,以实现绩效的持续提升。

二、绩效指标考评标准的组成要素

绩效指标考核标准的两个基本组成部分是标记与标度。在构建绩效指标考核标准的过程中,这两个概念是频繁出现的常识性元素,它们不仅是后续所有绩效标准构建的基石,也是不可或缺的要素。为了更深入地理解这两个核心要素,下面将借助一张图表进行初步的直观呈现,如图8-1所示。

考核指标	考评标准（标记）	优秀（A）	良好（B）	合格（C）	需改进（D）
员工满意度	标度	90%≤满意度≤100%	80%≤满意度<90%	60%≤满意度<80%	满意度<60%

图 8-1　连续型考评标准

（一）标记

标记也称为"标号"或"标志",涉及一系列不同强度和频率的符号。这些符号通常以字母（例如 A、B、C、D 等）、汉字（如甲、乙、丙、丁等）或数字的形式出现。单独的标记本身并无特定含义,只有当它们被置于特定的格式中并赋予特定意义时,才变得具有意义。

（二）标度

标度,作为衡量与界定事物及目标对象优劣高低的基准,是评价过程中不可或缺的测量单位标准。其涵盖了从经典测量尺度（如类别、顺序、等距和比例尺度）到现代数学中的模糊集合与尺度的广泛范畴。标度不仅限于数量化的单位,也包括了非数量化的标号,展现了其既可以是定量也可以是定性的灵活性。作为评价标准的核心要素,标度与评价所采用的计量方法及体系紧密相连,共同构成了评价体系的基石。

三、绩效指标考评标准的类型

绩效指标考评标准可根据不同的方法和方式划分为多种类型。其中一些类型在实际绩效考评中频繁使用,而其他一些则几乎不被采用。因此,基于咨询实践,下文将分享几种常见的绩效指标考评标准类型。

(一)定义型考评标准

定义型考评标准如图 8-2 所示。

评价要素	优秀(A)	良好(B)	合格(C)	需改进(D)
部门员工凝聚力	部门人员团结,工作配合好,团队凝聚力强	部门人员较团结,工作配合较好,团队凝聚力强	部门人员一般团结,工作配合一般,团队凝聚力一般	部门人员不团结,工作配合较差团队凝聚力较弱

图 8-2 定义型考评标准

定义型考评标准作为定性类绩效指标的考核标准制定方法,特别针对态度类指标和行为类指标的考核。这一标准的名称已明确揭示了其适用领域与操作方法。在绩效考核的流程中,鉴于态度和行为类指标的本质属性,即难以通过精确的量化数据来直接评估,因此,在构建这些指标的评价标准时,采用了一种特殊的手法:即通过分级定义的方式,间接地对原本不易量化的态度和行为类指标进行细致的分类与界定。这种方法与技巧,便是定义型考评标准的实质所在。

考核指标	指标定义	考核标准(标度)				
计划统筹能力	是否能够有计划、有步骤地完成领导交办的工作,使本岗位的工作能与整个部门或所在工作团队的工作目标相匹配	0分	3分	6分	9分	12分

图 8-3 离散型考评标准

（二）离散型考评标准

离散型考评标准如图 8-3 所示。

离散型考评标准是绩效考核中最常用的一种标准制定和指标衡量方法。之所以称之为离散型，是因为它通常采用离散的数据来衡量绩效指标，这些数据包括等差、等距、等比等差异化数据。这种方法旨在通过不同的标度区分指标完成的质量和隶属等级。在特定情况下，这些标度可能并非仅限于数字，也可以是其他形式的度量，例如：甲等、乙等、丙等，或者很好、较好、一般、差、很差等。

（三）连续型考评标准

连续型考评标准详见图 8-1。

连续型考评标准是指在对考核对象进行等级评定和分类时所采用的一系列方法和技巧。根据实际咨询经验，这种方法通常不会单独或直接用于评估单一指标，而是更多地应用于绩效制度的构建阶段。以图 8-1 为例，在绩效结果兑现阶段，连续型考评标准能够明确哪些分数区间对应 A 级（优秀）以及哪些对应 B 级（良好）的评定。不同的得分等级将与不同的绩效结果兑现系数相对应。例如，被评定为 A 级的员工可享受绩效工资基数乘以 1.2 的绩效兑现系数，而评定为 B 级的员工则可享受绩效工资基数乘以 1.0 的绩效兑现系数，如图 8-4 所示。

考评结果	优秀（A）	良好（B）	合格（C）	需改进（D）
绩效兑现系数	1.2	1.0	0.8	0.5

图 8-4　绩效结果兑现系数示例

第二节 定性类绩效指标考评标准

在详尽探讨绩效指标考评标准的分类与具体内容后,读者应能明确感受到,针对绩效考评的标准与方式,存在多种多样的选择。从咨询实践的角度来看,这些分类及其对应的绩效指标考评标准并非一成不变,有的频繁应用于日常工作中,有的则几乎被遗忘,而还有部分则专为企业特性与特定绩效制定流程所设计。因此,结合企业的实际运营状况以及丰富的咨询经验,下文将深入剖析两种最为常用的绩效评价标准:指标定性评价标准和指标定量评价标准。这两种标准在多数企业中均展现出了极高的适用性和价值。

一、定性类指标评价标准的概念及举例

类型	指标	等级	评价标准
品质特征绩效评估标准(定性类)	工作执行能力:能够准确理解上级所分配工作的真实意图并高效地完成,达到预期的效果	A级(0分)	对上级分配工作任务的意图一知半解,需要经常性督导,仍然无法完成工作任务和工作计划,工作效率及工作质量低下
		B级(5分)	能够理解上级分配工作的真实意图,但是需要时时督导,才能完成工作任务和相关工作计划,且工作质量一般
		C级(10分)	能理解上级分配工作的真实意图,基本上按时完成工作任务和工作计划,工作任务完成质量尚可
		D级(15分)	能够充分理解上级分配工作的真实意图,积极主动按时完成工作任务和工作计划,并得以赞许
		E级(20分)	能够深层次理解上级分配工作的意图,全面落实工作任务和工作计划,并能够独立解决工作中遇到的困难,经常超越目标和预期达成任务

图 8-5 某企业定性指标评价标准示例

定性类指标评价标准的定义:这类评价标准采用评语或符号作为衡量尺

度,其评价尺度通常采用等级式、等比式或等差式。例如,在图 8-5 中,可以看到某企业普通职员岗位的品质特征评估标准,这正是定性式评估标准的一个实际应用案例。在这些标准中,执行能力是一个核心的品质特征指标。表格中的 A、B、C、D、E 代表不同的评价等级,而这些等级所对应的分数和内容则作为衡量指标完成情况好坏的尺度。

二、定性类指标评价标准制定时常见的问题

在企业绩效评估流程中,非量化指标的评估,尤其是品质特征和行为特征指标的评估,构成了一个显著的挑战。这一挑战的核心在于,与结果导向的指标不同,品质和行为特征指标往往难以通过数据和公式进行量化评估。通常,这些指标的评估依赖于评估者的主观判断,即"凭直觉"对员工进行打分。在实际的评估实践中,许多企业缺乏对品质特征和行为特征指标的明确评价标准,常常在未深入分析的情况下直接给出分数,这种做法在一定程度上导致了评估结果的不稳定性、主观性,以及缺乏说服力,进而使得考核结果容易引起争议。图 8-6 是常见的没有考评标准的品质特征类指标和行为特征类指标。

类型	指标	权重占比/%	评估标准	评估得分
品质特征类指标	执行能力	15	A 级(0 分)	
	团队精神		B 级(5 分)	
	学习能力		C 级(10 分)	
	沟通协调能力		D 级(15 分)	
	责任感		E 级(20 分)	
行为特征类指标	成本意识	15	A 级(0 分)	
	服务协作意识		B 级(5 分)	
	积极性		C 级(10 分)	
	纪律性		D 级(15 分)	
	原则性		E 级(20 分)	

图 8-6 某企业品质特征类指标和行为特征类指标

在评估定性指标时,实际咨询工作中曾面临无法量化的问题,导致企业

员工对此类问题持有不同见解，产生了多种多样的意见。每种意见都基于不同的理由和观点。一些企业的考核者倾向于直接而果断的做法，他们认为由于定性指标难以用具体数据和公式量化，不如直接摒弃这些指标，转而完全依赖可量化的结果型关键绩效指标进行评估。相反，另一些企业对定性指标的考核持有一种武断和矛盾的态度。他们认为，尽管定性指标在评价标准上存在难以量化的难题，但对态度和行为等定性方面的考核仍然不可或缺。他们认为仅依赖定量的关键绩效指标是片面的，因此建议继续对定性指标进行考核。

三、行为锚定等级评价法

解决品质特征类指标与行为特征类指标的量化问题，以及建立科学有效的定性指标评价标准，是众多企业面临的一大挑战。本团队深入研究了众多绩效管理书籍的专业理论，并结合实际的咨询经验，通过在多家企业的咨询管理实践中进行应用，发现"行为锚定评级法"是一种适用性较强的定性指标评价标准衡量方法。接下来，下文将对这一方法进行详细阐述和实例说明。

行为锚定等级评价法，也被称为"行为定位法""行为决定性等级量表法"或"行为定位等级法"。这一评价方法最初由美国学者P.C.史密斯（P.C.Smith）和L.肯德尔（L.Kendall）于1963年提出。

行为锚定等级评价法是一种将同一类职务中可能出现的各种典型行为进行区分、分级、评分和度量的方法。其建立了一个明确的评分表，作为评价的基准。该方法结合员工在考核周期内的表现以及"关键事件"，对员工的实际工作行为进行对照和评定。

关键事件法，也称为"关键事件"，是由美国学者约翰·C·弗拉纳根（John C. Flanagan）和伯恩斯（Baras）于1954年共同开发的管理理念与技术。该方法涉及上级主管对员工日常工作中的关键时刻进行记录，包括表现卓越的成就和不尽如人意的失误。通过累积这些关键事件的记录，主管与员工可以就这些事件进行深入讨论和共识，从而为绩效评估提供参考信息和评分标准。

1.工作执行能力：能够准确理解上级分配工作的真实意图并高效地完成，达到预期的效果				
A级（0分）	B级（5分）	C级（10分）	D级（15分）	E级（20分）
对上级分配工作任务的意图一知半解，需要经常性督导，仍然无法完成工作任务和工作计划，工作效率及工作质量低下	能够理解上级分配工作的真实意图，但是需要时时督导，能完成工作任务和相关工作计划，且工作质量一般	能理解上级分配工作的真实意图，基本上按时完成工作任务和工作计划，工作任务完成质量尚可	能够充分理解上级分配工作的真实意图，积极主动按时完成工作任务和工作计划，并得以赞许	能够深层次理解上级分配工作的意图，全面落实工作任务和工作计划，并能独立解决工作中遇到的困难，经常超越目标和预期达成任务

2.团队协作精神：具备团队精神，能够为了团队共同目标的实现，积极主动与他人合作。充分发挥自己的特长和能力				
A级（0分）	B级（5分）	C级（10分）	D级（15分）	E级（20分）
不能与他人很好合作，缺乏团队精神，独断专行，且对团队任务的完成造成一定的负面影响	不擅长团队合作，缺乏团队合作精神，且对团队任务的完成造成轻微的负面影响	与他人合作较难开展，团队合作意识不强，协作支持的过程中常有不愉快的事情发生，但基本上能保证团队任务的完成	能够与他人较顺畅地合作，有一定的团队合作意识，共事和相互支持，能保证团队任务的完成	善于与他人合作共事，相互支持，有较强的团队合作意识，并且能够充分发挥团队成员各自的优势，保持良好的团队工作氛围，出色完成团队任务

3.主动学习能力：进取心极强，不断充实业务知识，积极参加公司或部门组织的各项培训				
A级（0分）	B级（5分）	C级（10分）	D级（15分）	E级（20分）
不思进取、因循守旧、墨守成规，不愿投入精力学习新的业务和知识，缺乏创新精神	业务学习存在应付现象，按部就班，循规蹈矩，很少提出新想法、新措施与新的工作方法	能学习新业务，但思想不够开阔，较少提出新想法、新措施与新的工作方法	工作中能够努力学习，提出新想法、新措施与新的工作方法并有创新意识	工作中能不断提出新想法、新措施，善于学习，注意规避风险，锐意求新，有良好的创新精神

4.沟通协调能力：擅长与人沟通，思维清晰，表达能力强，具备同理心，关心同事，经常能够通过有效的沟通达到目标				
A级（0分）	B级（5分）	C级（10分）	D级（15分）	E级（20分）
态度生硬，口气高傲，自以为是，不愿意与人进行沟通和交流	较为自我，不太愿意与人主动沟通，自我封闭的情况较多	能主动与他人进行沟通，但有时表现出不耐烦的情绪	能利用多种机会与他人进行坦诚的沟通，建立较好的工作关系	无论是面对何人何事，都能本着解决问题和对事不对人的原则，坦诚相待、开诚布公、友好相处

图 8-7 某企业行为锚定等级评价法应用示例

行为锚定等级评价法本质上是将关键事件法与评级量表法的优势相结合，

实现了两者的互补。该方法不仅扩展了关键事件法的应用，而且有效地融合了关键事件与等级评价。通过任何一张行为等级评价表，我们可以观察到，在同一绩效维度内，一系列行为被明确地展示出来，每种行为都代表了该维度中的一种特定绩效水平。通过将这些绩效水平进行等级量化，考评结果变得更加有效和公正，如图8-7所示。

经过上面内容的讲解，可以明显察觉到，企业在实施定性类品质特征指标与行为特征指标考核之际，若未能确立详尽的行为锚定等级评价标准，考评者在评分过程中便可能遭遇近因效应、晕轮效应等源自个人主观因素的干扰，进而引发考核结果的偏差。此类偏差不仅体现在定性指标考核中可能出现的严苛误差与宽松误差上，还直接导致了评分结果过高或过低的现象，严重削弱了考核结果的公正性与准确性。

行为锚定等级评价法的建立，巧妙地将难以量化的定性绩效考核指标转化为可量化的形式，为那些原本缺乏等级、标度和量化评分的定性指标提供了明确的度量和区分评价的基准。这一方法提升了定性指标考核结果的客观性、有效性和可信度。因此，行为锚定等级评价法在咨询实践中得到了众多企业的青睐，并且其应用效果和评分结果均显示出极高的满意度。

第三节　定量类绩效指标专评标准

定量绩效指标的考评标准制定，涉及利用计算公式或数据来衡量绩效指标的数量比例、等差以及完成情况。在企业绩效管理中，这一过程既是关键也是挑战。在实际的咨询实践中，只有在熟练掌握基本制定方法和工具的同时，不断实践并总结经验，才能确立起真正行之有效的指标考评标准。

一、定量类绩效指标考评标准的制定

（一）定量类绩效指标考评标准的适用对象是关键绩效指标

定量类绩效指标的考评标准与定性类指标的考评标准形成对比。在前文，已经详细探讨了定性类绩效指标考评标准的制定方法，例如行为锚定等级评价法。与定性类指标考评标准的制定过程相比，定量类绩效指标考评标准的制定过程和方法通常更为复杂和烦琐。从指标分类的角度来看，前文已经提到，定性类绩效指标考评标准主要针对态度和行为类绩效指标。而定量类绩效指标考评标准则主要应用于结果类关键绩效指标（KPI）。在日常考核中，结果类关键绩效指标（KPI）的评估，应当采用定量类绩效指标考评标准来进行指标的衡量。

（二）定量类绩效指标考评标准的制定在考核过程中是必须使用到的方法

在企业绩效评价体系中，考核指标常被明确区分为定性绩效指标与定量绩效指标两大类。通常情况下，这两类指标的权重配置会设定为20∶80或30∶70的比例。这一比例设置直接体现了定量绩效指标在评估过程中的主导地位。因此，制定定量绩效指标的评估标准不仅是绩效衡量工作的必要环节，也是确保企业绩效考核体系有效运行的关键所在。若缺乏这些标准，绩效衡量工作将难以进行，进而影响到整个绩效考核体系的推进与完成。

（三）定量类绩效指标考评标准针对不同的绩效指标使用不同的指标评价标准

在企业绩效考核的过程中，由于企业类型、产品种类、业务流程以及岗位职责的差异，每个企业的考核指标都各不相同。这些不同的考核指标需要配合相应的绩效考评标准来使用。实际上，为不同的绩效指标挑选恰当的考评标准至关重要，因为评价标准的适宜性直接决定了绩效评价的可靠性和有效性。恰当、适用且具有针对性的评价标准能够精确和科学地评估绩效指标的完成情况,并且能够激发员工的工作热情。相反,不恰当的标准可能会阻碍绩效考核的顺利进行,导致员工对考核结果的不认可、不信任,甚至出现抵触绩效考核的情况。

二、四种通用的定量类绩效考核指标考评标准

在深入研究人力资源领域的专业文献,并结合企业咨询的实践经验后,发现有关定量绩效指标考评标准的理论和方法极为丰富,且形式多样。根据咨询经验,图8-8中列出的四种关键绩效指标(KPI)的评价标准不仅易于理解,而且便于掌握。这些方法已经通过实践证明了它们的实用性和广泛的适用性。特别是在适用性方面,图8-8中所展示的四种标准能够满足当前大多数企业制定绩效指标考评标准的需求。

在绩效考核过程中,通常会根据指标的类型和特性,有选择性地应用不同的方法。下面将结合咨询实践,详细阐述这四种方法的具体应用经验,详情如图8-9所示。

分类	定义	方法	定义
定量类绩效考核指标	是指以数字信息为评价依据的考核指标	非此即彼法	指对考核结果只做两个可供选择的结果认定,要么完成,要么没有完成
		百分比法	考核得分=实际值/标准值×100%
		层差法	根据计分原则按区间划分分数,对应区间设计大致的计算方法
		加减分法	按照事先设定的加减标准对指标进行加减分

图8-8 四种定量类绩效考核指标考评标准

通过图8-9的应用示例,可以清晰地了解和比较非此即彼法、百分比法、层差法和加减分法的具体应用情况及其含义。在日常绩效管理工作中,对于这四种方法的运用,存在许多注意事项和技巧。下面将分别详细阐述这四种方法。

指标名称	计算公式	量化方法	评分标准
培训计划完成情况	培训计划完成与否	非此即彼法	完成，得分：100 没完成，得分：0
当年销售利润总额	（实际值/目标值）×100%	百分比法	（实际值/目标值）×100%
员工离职率	当年公司正式员工离职人数/当年公司正式员工平均人数×100%	层差法	0%~5%（含5%），得100分；5%~10%（含10%），得60分；10%以上，得0分
薪酬、福利、绩效考核结果计算及时性、准确性	1.薪酬、福利绩效考核的计算是否在规定的时间内完成（每月15日之前） 2.计算结果是否准确无误	加减分法	推迟一天扣10分，出现一次错误扣20分

图 8-9　四种定量类绩效考核指标考评标准应用示例

（一）非此即彼法

非此即彼法，又名"0-1评分法"，顾名思义，0即零分，1则代表满分，这种评分体系仅涵盖两种极端情况：任务的彻底完成与彻底未完成。简而言之，就是工作一旦未完成，得分便是零；即便是完成了绝大多数工作，只要有一项未完成，成绩也归零；反之，只要任务圆满达成，即可获得满分。根据众多咨询项目的实战经验，这种方法在日常绩效考核中常被视为一种极其严苛的标准。因此，在实际应用中，考核者与被考核者之间经常围绕是否采用该方法展开激烈的讨论。尤其是被考核者，他们在面对是否接受这种"全有或全无"的考核方式时，心理压力极大，因为他们深知，一旦接受，就必须确保任务100%完成，否则将面临严重后果。然而，对于考核者来说，选择这种考核方式，是因为某些绩效指标至关重要，如安全、消防、客户投诉处理及事故防范等，这些领域的表现直接影响到企业的整体运营和声誉。在企业绩效考核的实践中，管理层通常倾向于采用一种二元对立的方法，他们视那些通过非此即彼法衡量的绩效指标为公司的红线，认为这些是不可触碰的，也是必须达成的关键任务。结合企业咨询的实践经验，以下将通过模拟示例来阐释非此即彼法的应用，以便读者更好地理解。如图8-10所示。

序号	绩效指标	考评标准	得分
1	安全生产责任事故	以安全生产事故直接经济损失大于5000元或出现人员死亡情况为考量标准。未发生本项满分，发生本项0分	
2	消防安全事故	消防安全事故直接经济损失大于2000元或消防部门到场施救为考量标准。未发生本项满分，发生本项0分	
3	质量事故	将违反施工工艺或施工标准造成直接经济损失大于5000元视为工艺及质量事故。未发生本项满分，发生本项0分	
4	廉政建设	以是否违反公司廉政管理规定为考量标准。未发生本项满分，发生本项0分	
5	客户投诉	以是否发生产品质量、客户服务等工作失职原因造成的客户有效投诉为考量标准。未发生本项满分，发生本项0分	

图 8-10 非此即彼法考评标准应用示例

（二）百分比法

百分比法也称作"百分率法""比率法"，通常被视为最典型的定量类绩效指标标准衡量方法。在咨询实践中，无论是考核者还是被考核者，均展现出对该方法的高度接受度，这源于他们认为百分比法相较于其他绩效指标衡量方法，在客观性、公平性和计算简便性方面更具优势。

在企业绩效考核标准的制定与选择过程中，百分比法同样占据了重要地位，尤其在销售、生产等关键业务部门的实践中，其应用频率尤为显著。以销售部门为例，包括销售额、利润率、新客户开发率、老客户流失率、应收款回笼率以及死账呆账发生率等在内的多项考核指标，在制定考核标准时，均倾向于首选百分比法进行计算与考量。

这一倾向的根源在于，百分比法在处理这些考核指标时，其所需的分子与分母数据均可便捷地通过财务部门的精确统计获得。这些统计数据不仅真实可靠，而且精度极高，为考核提供了坚实的数据基础。因此，在考量上述指标时，百分比法展现出了极高的适用性和有效性。

此外，在运用百分比法时，必须留意一个关键前提：绩效考核指标必须遵循 SMART 原则中的可实现性（Attainable）标准。这意味着，用于计算指标完成度的分子和分母数据应当易于且成本低廉地获取。我们应避免选择那些虽然看似适合考核和执行的指标，但实际上，获取这些指标完成情况所需的数据却异常困难。例如，数据收集可能耗时过长、涉及众多部门和岗位、数据提取与考核周期发生冲突，或者收集数据所需的人工成本过高。这些问题都可能影响到指标的有效性和实用性。结合企业咨询实践，下面对百分比法的使用进行模拟举例，方便读者理解，如图 8-11 所示。

序号	绩效指标	考评标准	得分
1	订单履约率	实际按期履约订单数量/已下单数量 × 100%	
2	销售计划达成率	实际销售额/计划销售额 × 100%	
3	应收款回笼率	已回款金额/应回款金额 × 100%	
4	利润率	实际利润额/目标利润额 × 100%	
5	老客户流失率	实际流失量/客户总量 × 100%	

图 8-11 百分比法考评标准应用示例

（三）层差法

层差法，也称为"区间赋分法"，是根据指标在不同区间和标准下的完成情况来赋予相应的分数。根据咨询实践，层差法在绩效考核中是一种较少使用的绩效评估标准。在日常考核中，由于工作内容的特性以及该方法在制定时需要对不同区间的工作完成情况进行不同分数赋予，使得测量工作相对烦琐；因此，在实际应用中，只有少数指标会采用这种评估方法。实际上，在许多情况下，指标要么无法使用其他方法而不得不采用层差法，要么是恰好使用层差法后发现它最为合适。在使用层差法的过程中，最大的挑战在于需要对不同区间的赋分值进行反复地测量和实践。以员工流失率这一指标为例进行分析，区间赋分的分值设定至关重要。例如，若设定区间赋分值为 0%～5%（包含 5%）得 100 分，5%～10%（包含 10%）得 60 分，而超过 10% 则得 0 分，那么在实际操作中，无论是评估者还是被评估者，都会密切关注区间赋分值的合理性以及赋分标准的严格程度。这不仅是区间赋分法在实际应用中经常遇到的问题，也是一个挑战。

在采用层差法（区间赋分法）的过程中，务必牢记以下两大注意事项，对于确保该方法的有效应用至关重要。

（1）在运用层差法（即区间赋分策略）构建分值体系时，分值的区间数量可灵活调整，常见的做法是划分为3~4个区间。若以员工流失率作为评分依据，可以设定三个区间：员工流失率在0%~5%（含5%）时，得分为满分100；在5%~10%（含10%）范围内，得分为60；而流失率超过10%时，则得分为0。当然，我们也可以选择更为细致地划分，即四个区间：0%~5%（含5%）得100分，5%~10%（含10%）得60分，10%~20%（含20%）调整为50分，超过20%则依旧为0分。这两种设置方式并无优劣之分，它们纯粹是依据企业的具体需求、经营管理的现状、考核双方的共识以及绩效指标的独特性质来决定的。一般而言，采用四个区间的赋分方式，相较于三个区间，能够提供更细致、更精确的评估效果。

（2）在采用层差法（即区间评分法）分配分数的过程中，为员工创造一个积极的激励环境是非常重要的。继续以员工流失率作为评分指标，可以设定三个不同的评分区间：从0%~5%（包括5%），员工将获得满分100分；从5%~10%（包括10%），则得到60分；若流失率超过10%，则评分为0。值得注意的是，当员工流失率控制在0%~5%（包括5%）的范围内时，相关部门或个人就能获得满分，而非必须达到零流失的极致状态。这恰恰体现了，在实施评分时，特意为员工预留了激励空间，旨在激发其工作热情和持续改进的动力。

具有丰富企业管理经验的读者都会认同，员工流失率保持在一定范围内是企业运营中的常态现象，鲜有企业能够实现员工的完全零流失。在针对部门员工流失率进行考核时，特别是针对那些人员众多且流动频繁的生产部门，使用区间赋分法来制定评估标准时，尤为重要的是要预留出一定的激励空间。所以，在实际操作中，如何设定分值需要综合考虑企业的具体运营状况、薪酬竞争力、管理水平以及历史的人员流动数据，从而确定一个符合企业实际情况的分值区间。基于多年的企业咨询经验，下面将通过模拟示例来展示层差法（区间赋分法）的具体应用方法。如图 8-12 所示。

序号	绩效指标	考评标准	得分
1	员工流失率	实际流失人数/期初人员总数×100%；0%~5%（含5%）得100分，5%~10%（含10%）得60分，10%以上得0分	
2	销售计划达成率	实际销售额/目标销售额×100%；0%~50%（含50%）得0分，50%~80%（含80%）得60分，80%~99%（含99%）得80分，100%及以上得100分	
3	应收款回笼率	实际回笼额/应收总额×100%；0%~50%（含50%）得0分，50%~80%（含80%）得60分，80%~99%（含99%）得80分，100%及以上得100分	
4	新客户开发率	实际下单客户数量/新客户开发目标个数×100%；0%~50%（含50%）得0分，50%~80%（含80%）得60分，80%~99%（含99%）得80分，100%及以上得100分	
5	老客户流失率	实际流失量/客户总量×100%；0%得100分，1%~1.5%（含1.5%）得60分，1.5%以上得0分	

图 8-12　层差法考评标准应用示例

（四）加减分法

加减分法是绩效考核流程中最常采用的一种评估标准，同时也经常引起员工的困惑。这种误解的根源在于，员工往往对绩效考核的真正含义和目标缺乏了解，倾向于将"考核"等同于"扣分"，特别是在采用加减分法作为评估指标时，这种误解尤为明显。因此，在应用此方法时，务必明确阐述其使用方式和目标。

在运用该方法时，确实存在一些技巧和注意事项。以人力资源部的薪酬专员为例，薪酬专员负责在每月末将员工的考勤数据和工资核算表提交给部门经理和财务部。因此，通常会通过报表的错误次数和提交的及时性来评估指标完成情况。对于这两个指标的考核，可以采用加减分法来制定绩效考评标准。例如，考核标准可以设定为：每出现一次错误或每逾期提交一次，扣减 2 分。在使用加减分法制定指标考评标准时，可以根据实际情况和考核需求，采用"既有加分也有减分"的绩效标准赋分方法。例如，在某企业中，专利申报数量是一个考核指标，规定负责专利申报的岗位在考核期内的目标申报数量为 2 个，每少申报一个，扣减 5 分。为了激发员工更积极地完成专利申报工作，我们可将绩效考核标准设定为：每减少一个申报数，扣除 5 分；每增加一个专利申报数，则奖励 10 分。奖励分值应高于扣除分值，通过这种加减分法的灵活运用，有效提升了员工的工作积极性，促进了员工与企业之间的互利共赢。结合企业咨询实践，下面对加减分法的使用进行模拟举例，方便读者理解，如图 8-13 所示。

序号	绩效指标	考评标准	得分
1	报表上交逾期次数	每出现一次逾期扣 2 分	
2	报表错误次数	每出现一次错误扣 2 分	
3	员工流失量	本考核周期允许出现 1 个人员流失名额，每增加 1 个流失名额扣除 5 分，本考核周期无流失奖励 10 分	
4	新客户开发个数	本考核周期新客户目标开发个数为 2 个,每减少 1 个扣除 5 分,每增加 1 个奖励 10 分	
5	老客户流失个数	原则上不允许老客户流失,每发生一个客户流失扣除 10 分	

图 8-13 加减分法考评标准应用示例

绩效考评的多样性体现在不同方法的互换性上。无论是非此即彼法、百分比法、层差法还是加减分法，都可以灵活应用于同一绩效指标的考评中。这样的灵活性不仅增加了考评的多样性，也使得管理者可以根据具体情况选择最适合的考评方法。例如，在衡量员工流失率时，可以用百分比来精确计算，也可以用加减分法来激励和惩罚，从而达成管理目标。

实际上，这并非巧合，而是在条件允许且适用的情况下，这些方法确实可以相互替代使用。从管理者的视角来看，可以认为不同的管理及考核导向会导致考评标准的差异，进而影响其作用。例如，一个原本采用百分比法来计算和评估的考核指标，如果考评者认为采用非此即彼法更能凸显该指标的重要性，那么在这种情况下，绩效考评的标准是可以相应调整的。以员工流失率为例,其传统的量化标准是"实际流失人数除以期初人员总数再乘以 100%"的百分比法，但根据实际需要和与被考核者的协商，可以改为"发生人员流失则得 0 分，未发生人员流失则得 100 分"的非此即彼法。

第九章　绩效管理制度制定

第一节　企业绩效管理制度概述

一、企业绩效管理制度的概念

企业绩效管理制度，系基于企业实际运营状况与绩效管理之需，对企业绩效运行的诸环节、各阶段、方法及流程进行明确且详尽地阐述，旨在为企业绩效管理的实施提供根本性、引领性及权威性的指导与规范。

在构建绩效管理体系的初期阶段，众多企业往往受制于惯性思维，步入一种管理上的误区，具体表现为多数人力资源管理者倾向于将绩效管理制度的建设视为绩效体系搭建的首要环节。当问及企业相关人员"缘何在绩效管理体系构建之初即着手于绩效管理制度的设立"时，普遍的回答聚焦于"制度乃根基所在，唯有奠定坚实的管理制度基础，方能稳步推进后续工作"。然而，依据管理咨询领域的实践经验，绩效管理制度的完善实则置于绩效计划阶段的尾声，即待企业各部门、各岗位绩效指标的精准提炼、绩效考核标准的科学设定以及绩效指标库的全面构建完成之后，方能紧密结合企业实际运营状况与绩效管理的具体需求，着手制定绩效管理制度。

二、企业绩效管理制度建立的时间

企业绩效管理制度是企业绩效运行的保障和具体实施办法，制度的制定放在绩效计划阶段的最后一个环节进行，其具体原因有以下几种：

首先，绩效管理制度所涵盖的广泛内容，其本质属性决定了该制度必须置于绩效计划阶段的尾声阶段予以完善确立，以确保其全面性与严谨性。

一般而言，一个全面且严谨的绩效管理制度，其核心构成要素涵盖制度设立的宗旨、制度适用的具体范围、绩效考核指标的类型划分与构成要素、绩效考核的具体执行流程、考核结果的合理应用、绩效面谈的规范开展、绩效申诉的正当渠道、绩效改进的持续推动、配套表单的完善制定、附则的详尽说明，以及绩效考核流程的清晰界定。本书将结合实践探索的历程，深入剖析为何绩效管理制度的确立需作为绩效计划阶段收尾环节的关键考量。

在阐述绩效管理制度的构建中，其核心模块涵盖考核指标的类型构成与绩效考核的具体实施。若于制定绩效制度之际，未能明确掌握企业在考核流程中所涉及的各类绩效考核指标，亦未能详尽了解各部门及各岗位绩效考核指标的具体构成，包括定性指标与定量指标之间的科学配比，则绩效制度的构建将无从谈起。因此，深刻理解并准确把握上述两大核心要素，是确保绩效管理制度科学、合理、有效的关键所在。

在审视绩效考核的执行流程时，若未详尽掌握各部门及各职位的具体指标细则，则难以基于指标特性精确判定绩效考核原始数据的抽取与对接时点，即无法界定数据最早或最晚完成的时间节点，是需于每月末最后一天达成绩效考评数据的对接，还是需延迟至次月十日之后方能获取。鉴于此，若未能清晰把握指标的具体特性、考评数据的抽取及对接时间安排，便无法在制度框架内依据实际需求明确绩效考核的启动时机、考核表单的下发时间、数据汇总与提取、对接的精确节点，以及绩效考核与数据上报的具体日期。因此，绩效管理制度的制定者在规划绩效考核实施环节时，将面临无法精准界定绩效考核各项具体步骤及其时间要求的困境，进而阻碍绩效管理制度的全面构建与完善。

其次，基于咨询实践之洞察，企业绩效管理制度的终局评审与确认，往往需企业高层管理者的深度参与决策。若企业在前期未能全面完成各部门及岗位指标之萃取、考核标准之确立、绩效指标库之构建等基础性工作，则绩效管理制度中上述关键要素势必出现缺失，进而导致高层管理者难以对绩效制度之具体内容进行全面、精准的评审与确认。

从制度设计者的视角审视，若将企业绩效管理制度的编纂置于绩效计划阶段的起始之处，实则面临"无源之水、无本之木"之困境。具体而言，制度设计者或将困惑于企业具体指标之所在、指标之实际构成细节、考核标准之设定逻辑等核心问题，这些问题如同迷雾般笼罩，使制度设计者难以觅得前行之路。

综上所述，绩效管理制度的制定工作应当审慎地置于绩效计划阶段的尾声进行，以确保其建立在坚实的基础之上，避免陷入本末倒置的误区，从而确保绩效管理体系的科学性、合理性与有效性。

三、企业绩效管理制度制定的原则

制度乃企业之纲领，亦为行为之规则。企业绩效管理制度，系基于企业实际绩效管理之需求，紧密结合企业具体情况而精心编纂的纲领性、指导性、权威性的规范性文件。此制度从企业整体视角与员工个体层面，详尽界定了绩效管理过程中，企业方与员工方所应承担的责任与义务，并明确了绩效管理的实施流程与内容细节，从而在企业制度构建的宏观框架下，为企业绩效管理的后续有效运作与平稳推进奠定了坚实基础。

鉴于各企业在运营状况、组织架构、文化深度及管理理念上的显著差异，企业间的绩效管理制度展现出了高度的多样性与差异性。具体而言，制度制定的思维模式各具特色，制定手法纷繁多样，制度构成模块亦是丰富多彩，而制度的执行成效更是各有千秋。鉴于企业间独特性的普遍存在，绩效管理制度的具体细节并未设立统一的结构性规范。结合管理咨询领域的实践经验，企业绩效管理制度的制定流程及其内容体系，应当遵循以下核心原则。

（一）适用性原则

企业绩效管理制度并非存在绝对的"最佳"，而是应当寻求最适合自身特点的方案。不同企业之间在绩效管理制度的构建形式、方法和内容上往往存在显著差异。企业实施绩效管理的初衷和目标各异，这要求企业在设计绩效管理制度时必须贴合自身的具体需求。在制定绩效制度的过程中，切忌盲目复制其他企业的模式。在企业咨询实践中，我们发现某些企业在设计绩效管理制度时，并未深入分析企业自身的实际情况、员工特性以及员工对绩效管理的具体需求，而是机械地套用通用的绩效管理框架和内容，导致所制定的绩效制度与企业实际不相适应，出现了"水土不服"的现象。在运行过程中，为了满足企业需求，制度不得不频繁修改，不断进行调整，这实际上反映了在制度设计初期缺乏对企业实际情况的充分考虑和调研分析。

从咨询实践的经验出发，绩效管理制度的诸多内容模块中，绩效管理结果的计算与应用环节尤显其适用性的重要性。具体而言，以某企业为例，在其绩效考核考评工作圆满完成后，人力资源部门会严谨地汇总、整理并分析绩效考核结果。在此过程中，关于绩效结果数据的统计方法，无论是采用算术平均抑或加权平均，均需紧密结合企业的实际需求来审慎决定。

此外，对于不同考核分数的等级划分、考核结果所对应的绩效分配系数的确立，以及绩效考核结果是否需要实施强制分布等关键环节，均需依据企业的实际状况，在绩效结果的应用阶段做出科学合理的安排与决策。

（二）实用性原则

实用性原则强调绩效管理制度必须贴合企业的实际需求。在企业构建绩效管理体系时，应避免盲目追求华而不实的制度，而应致力于创建与企业需求相匹配的绩效管理体系。众所周知，不同企业的状况各异，即便是同行业的企业，由于各自的发展速度、质量以及所处的发展阶段不同，它们在管理水平上也展现出显著的差异。

某生产型企业，其主营业务涵盖注塑制品与医疗消毒用品的生产制造。该企业初始时生产规模与产量相对有限，然而，面对2020年医疗消费需求的急剧攀升，企业展现出强劲的逆势增长态势，销售额连续数月实现跨越式增长。基于此，企业迅速响应市场需求，积极推进征地扩厂工作，以进一步扩大生产规模。

然而，在企业快速发展的同时，其管理水平的提升未能与业务增长保持同步，导致出现了显著的"管理滞后"现象。具体表现为管理制度、管理水平、管理模式、人员素质及人才队伍建设等方面均难以匹配企业发展的实际需求，进而制约了企业整体管理效能的发挥，使得高层管理者在运营管理上面临诸多挑战。

在探讨如何快速提升企业管理水平的过程中，咨询团队深切感受到了企业主的急切心情与一定程度的盲目性，特别是在绩效管理制度的制定上，双方产生了显著的意见分歧。企业总经理基于自身对管理理论的学习与实践，主张在高速发展期应引入最前沿的管理理念与方法，以推动绩效管理制度的先进性与前沿性。然而，咨询团队对此持不同意见，认为当前企业的繁荣主要得益于疫情背景下国外订单的短期转移，而非企业核心竞争力的真实体现。同时，企业管理团队的管理理念与技能尚待提升，且缺乏明确的企业愿景、使命及战略目标。因此，咨询团队建议当前阶段应将绩效管理的核心聚焦于激励员工持续提升，构建实用性的绩效管理体系，待基础体系运行平稳后再逐步导入先进理念与方法。

经过深入沟通与引导，该企业逐步转变了原有的思维模式，在后续项目推进中，无论是组织架构优化、岗位分析、职位说明书制定、岗位价值评估，还是绩效管理体系与薪酬体系的构建，均坚持以实用性为导向，确保了各项制度的有效落地与实施。实践证明，咨询团队的这一策略是正确、有效且适用的。

企业管理乃是一项系统性、逐步推进的宏伟工程。在远大愿景与战略目标的指引下，企业应当敏锐地洞察问题、果断地解决问题，持续推动管理水平的提升与人员队伍的优化建设，以此促进企业管理能力的不断深化与精进，确保管理水平稳步迈上新台阶。企业需从夯实基础管理方法入手，稳扎稳打，步步为营，方能最终实现企业运营管理的高水平、高效率目标。

（三）制度力求内容简单、格式简单、通俗易懂

最为理想之制度，莫过于简约而高效者。企业绩效管理制度之设立，非仅为管理者所观瞻，实则更为企业员工所践行。唯有那些员工能清晰明了、深入透彻理解，并切实可行之制度，方可誉为佳制。故而，在制定企业绩效管理制度之时，应秉持科学方法论与专业技术之精髓，力求在每一个环节上，均采用最精炼、最直观之表述方式，使制度条文简明扼要、易于领悟。针对特定内容，尚可辅以图表形式，以增强其直观性与易懂性，从而达到一目了然之效。唯有内容精炼、格式简洁、通俗易懂之绩效管理制度，方能赢得员工之广泛认同与欢迎。员工若能深刻理解并内化于心，方能确保制度得以有效贯彻与执行。

（四）制度内容需满足绩效运行需要，避免内容缺失

绩效管理制度是根据企业绩效运作的需求而设计的，它是一个持续优化和改进的过程。在制度的初始制定阶段，必须防止内容上的遗漏。在绩效管理制度的制定过程中，内容缺失可能表现为两种形式。

1.制度模块缺失

制定一套全面的绩效管理制度，需要包括一系列核心内容模块，以确保制度的全面性和执行力。这些模块涵盖了制度的目的、适用范围、考核指标、实施过程、结果运用、面谈和申诉机制、改进措施、配套表单、附则以及考核流程等。这些基本模块构成了企业绩效管理制度的基础，任何企业在制定绩效管理制度时都应确保这些内容的完整性，以保障制度的有效实施和管理。

2.制度内容衔接不连贯

绩效管理制度在制定过程中，常常会遇到内容缺乏连贯性的问题，这会导致制度难以有效执行。具体表现为制度在模拟推演时出现问题。因此，为确保绩效管理制度的实际操作性和有效性，初稿完成后必须进行模拟推演。

在绩效管理制度制定过程中，内容连贯性是确保制度有效执行的关键。例如，一家企业在绩效考核实施模块中要求各部门在次月2日上报考核数据，但由于生产、销售、质检等部门的运营流程原因，这些部门无法按时提供所需的数据。这种情况说明，即使制度各模块完整，但因前后内容衔接不畅导致实际执行困难。因此，企业需要根据实际运营情况，调整运营流程或数据提报时间，以确保绩效管理制度的顺利执行。

（五）先偃化、再优化、后固化的修订原则

企业绩效管理制度通常遵循一个先简化、再优化、最后固化的流程，不断地进行修订和改进。通过这种分阶段的修订，绩效管理制度逐步趋于完善。

1.制度偃化

制度偃化是绩效管理制度实施中的关键阶段，旨在形成一个完整且可行的试运行版本。这个阶段包括通过模拟推演确认制度的可行性，并将制度通过会议或培训的方式全员传达，确保员工对制度内容和方向有清晰地理解。在试运行过程中，虽然制度可能会出现问题或漏洞，员工也可能出现理解、认同、配合上的困难，但这是一种正常现象。通过处理这些问题，制度将逐步成熟和完善。

2.制度优化

绩效管理制度的优化过程通常历时2~3个考核周期，是不断发现问题、修订并完善制度的关键阶段。通过试运行，企业能够收集到来自考核者和被考核者的各种建议和意见。这一过程不仅是对制度的检验，更是一次选择性取舍的过程，筛选出有价值的建议并进行优化。最终，经过这一"浴火重生"的修订过程，绩效管理制度在可行性、实用性和专业性方面都得到了显著提

升,能够更好地支持企业的绩效管理需求。

3.将优化和修订后的绩效管理制度进行固化

绩效管理制度的固化过程是对已经优化和修订后的制度进行再培训和再导入的阶段。与之前的试运行阶段不同,这一阶段使用的是最终版制度,企业要求所有员工严格遵循和执行。这一过程确保了制度在全公司范围内的统一应用,使得绩效管理制度正式成为企业管理的核心工具。

第二节　绩效管理制度制定的步骤

绩效管理制度的编纂过程,实为一项系统而复杂的工程,非一朝一夕所能成就。企业若欲构建一套既具实用性又紧密契合企业实际运营需求的绩效管理体系,必须循序渐进,历经理论引导、制度初拟、模拟试运行及最终定稿等多个关键环节。其制定流程严谨有序,涵盖以下步骤。

一、绩效管理制度初稿拟订

绩效管理制度初稿的筹划与编制,并非单纯的文字堆砌,而是需历经周密考量与细致规划。为打造一套契合企业实际运营需求的绩效管理体系,首要任务是精心构思制度框架,随后就其核心内容与关键要点进行深入探讨与商榷。此等举措,实为奠定绩效管理制度初稿编制之坚实基石与关键环节,确保制度能够紧贴企业实际,发挥实效。

首要之务在于构建绩效管理制度的宏观架构,该框架作为企业绩效管理的基础,需详尽涵盖制度设立之宗旨、适用范围界定、考核指标之分类与构成、绩效考核实施流程、考核成果应用机制、绩效面谈安排、绩效申诉途径、绩效改进策略、配套表单设计、附则说明以及绩效考核的整体流程等环节。

第九章 绩效管理制度制定

基于咨询实践的深入洞察,我们建议在起草绩效管理制度初稿时,可遵循上述框架体系作为宏观指导,初期筹备阶段应广泛搜集专业书籍资料、借鉴资深咨询专家智慧、汲取行业同仁宝贵经验、并充分利用网络资源,广泛搜集各类企业绩效管理制度的典范样本。通过对这些样本的深入剖析与综合比较,结合企业自身独特条件与发展需求,既要广泛吸纳先进经验,又要确保制度框架的适应性与针对性,最终定制出一套既符合企业自身特色又满足发展需求的绩效管理制度框架。

在确立了企业绩效管理制度的框架之后,必须与企业高层管理者就框架内的核心要素进行深入交流,分析、筛选并确定符合企业特定需求的关键制度内容。通过确定关键节点,制度的具体制定者和执行者可以在高层的指导性意见、建议和决策的引导下,拟定出更为具体和可行的绩效管理制度草案。

绩效制度的制定方向、细节以及关键节点涵盖了制度的各个层面,包括但不限于制度的适用范围、指标的构建、考核的执行流程以及绩效结果的运用。这些关键节点构成了绩效管理制度的核心,因此,在制定之前,必须与企业高层管理者逐一讨论、分析并确认。举例说明,如图9-1所示。

指标类型	指标内容	权重	适用范围	考核周期
关键绩效指标 (定量指标)	每个岗位5~8个关键绩效指标。指标内容是岗位关键的、核心的、主要的工作职责	70%	各岗位	月度
品质行为类指标 (定性指标)	诸如品德言行、执行能力、沟通协调、服务意识、积极性、纪律性等指标	30%	各岗位	月度

图9-1 绩效制度关键节点内容示例

图9-1展示了企业在制定绩效管理制度时需重点讨论和确定的几个关键节点。这些节点包括:企业关键绩效指标的构成类别、各指标在考核中的权重比例、指标的具体内容范围、考核对象的确定,以及绩效考核的周期。这些问题需要企业高层领导的深入分析和讨论,以确保绩效管理制度的有效性和适用性。通过这些步骤的制定和确定,企业可以建立一个完善的绩效管理体系,为组织的长期发展提供坚实的基础。

上述所述的内容及其关键性节点,均构成了绩效管理制度的精髓与核心。

从另一维度审视，若企业在着手草拟绩效管理制度之初，未能与高层领导就前述内容达成共识，则该制度的顺利推行将面临严峻挑战。缺乏关键节点的明确界定，即便初步形成了绩效管理制度的框架，亦仅具形式而难掩其内容的空洞与不足。鉴于此，从制度构建的流程逻辑出发，预先明确并确认制度内容中的关键节点，无疑是遵循制度执行规律、确保制度有效性的重要前提。

在制度草案酝酿之初，需深入探讨与明确的核心环节纷繁复杂，全面覆盖制度框架的各个组成部分。鉴于此，从咨询实践之视角出发，组织一场汇聚企业高层广泛参与的绩效管理制度研讨会显得尤为关键。此会议应由企业人力资源部门精心筹备并启动，诚邀高层领导及部分中层管理人员莅临，通过投屏展示讨论要点，并辅以详尽阐释，随后逐项进行深入剖析、研讨与确认，进而提炼出绩效管理制度草案的核心关键节点。此后，制度编纂人员仅需将会议共识的关键环节与既定内容，运用专业的人力资源术语进行转化，加以编纂、整合，最终形成绩效管理草案。此流程之显著优势在于，为制度编纂者指明了方向并明确了重点，有效规避了制度成稿后的大范围修订风险。即便需进行微调，亦仅限于草案细节之处，确保制度制定的高效与精准。

在咨询实践环节中，咨询团队专家严格遵循既定的逻辑顺序与方法论，助力企业构建起完善的绩效管理制度体系。相较于企业自行摸索制定绩效管理制度的路径，咨询专家在初期阶段即依托对企业全面深入的认知及丰富的咨询实战经验，预先勾勒出契合企业实际管理需求的绩效管理制度框架。在制度构建的关键节点上，从讨论、制定到最终决策，咨询专家不仅广泛吸纳企业高层管理者的见解与建议，还主动贡献专业视角下的思路、策略与指导方案。同时，专家会详尽阐述不同方法策略的优势与潜在局限，以此彰显专业咨询团队的核心优势与独特价值。综上所述，无论是咨询专家运用此等逻辑架构与策略手段主导构建企业绩效管理体系，还是企业依据相关理论及要求自行实践，其实际效果均被验证为高度实用，有效促进了企业绩效管理制度草案制定的顺畅进行。

二、绩效管理制度初稿评审

在制定绩效管理制度初稿之前,科学、完善的框架内容研讨以及关键节点的合理分析和决策,至关重要。这一过程的严谨性直接决定了初稿的有效性和适用性。如果企业在初稿制定前对框架进行了详细的分析,并对关键节点进行了周密的决策,初稿将更接近最终版本,减少后续的修改工作。然而,若准备不充分,初稿可能需要多次修订,甚至面临彻底推翻重来的风险。

绩效管理制度初稿评审是通过会议形式,对初稿的科学性、适用性和专业性进行全面审查的关键环节。这一过程集思广益,旨在通过不断纠正和完善,使初稿最终成稿。评审通常需要半天时间,参与者包括企业的高层管理团队、人力资源部门的全体成员,以及绩效管理领域的专家顾问。通过逐项讨论和表决,结合各方意见与企业实际需求,最终确认制度内容。

在绩效管理制度初稿的评审环节中,我们提议将初稿内容以投影形式展现于屏幕上,以便全体评审人员清晰审阅。同时,为确保评审流程的规范与高效,应特别设立一位主持人,该职务通常由人力资源部经理担任,其主要职责为详尽阐述制度内容,并引导讨论。讨论结束后,主持人需运用人力资源专业术语,将讨论决议进行精准提炼与转述,进而转化为具有制度性质的文字表述。随后,由现场指定的记录人员负责将上述文字内容进行系统编排与最终定稿,以确保绩效管理制度的严谨性与规范性。

在绩效管理制度初稿评审的关键阶段,难免会遭遇多样化的观点与提议,乃至因意见悬殊而引发深入争辩。鉴于此,会议主持人需展现出高度的冷静与卓越的会议掌控能力,以平和之心协调各方参与者,巧妙地将争议转化为共识,于激烈讨论中稳步推动会议进程。最终,在高层管理团队的直接参与及审慎决策下,绩效管理制度初稿评审工作得以圆满落幕。总体而言,此次会议秉持"广开言路集众智、深思熟虑纳良言、高层定夺明方向"的原则与节奏,确保评审工作的顺利进行。

三、绩效管理制度综合评审及修订

绩效管理制度综合评审及修订与初稿评审的最大区别在于，参与的人员范围更小，层次更高，且会议用时与修改内容较少。此环节主要由人力资源部负责，对已经过集体评审的制度稿进行最终的审定和文字修订，确保内容与高层决策一致，排除歧义与错误。通过此步骤，绩效管理制度进一步得到完善和定稿，最后由人力资源部将定稿分发给企业高层领导进行审阅和批准。这一过程是制度最终定稿前的关键步骤，确保制度的严谨性和可执行性。

四、绩效管理制度试运行及修订

企业在正式实施绩效管理体系前，通常会经历 2 至 3 个考核周期的试运行期，这一阶段不仅测试制度本身的可行性，还包括对绩效指标、数据对接和考核表单等内容的全面试运行。尽管企业在制度制定前可能已进行了大量的研究和讨论，但由于实操经验和专业知识的限制，仍然难以避免制度与实际操作的不符。通过试运行，企业可以发现并修正制度中的不足之处，确保最终的绩效管理体系更加贴合实际，具备可行性和实用性。

绩效管理制度在历经试运行与全面修订后，企业应着手筹备正式版本的发布与全员培训导入工作。此过程通常由人力资源部作为主导，负责召集并主持绩效管理制度的培训、宣传及贯彻会议。会上，人力资源部经理或指定绩效管理专员将对最终定稿的绩效管理制度进行系统性、详尽化的讲解，确保每位员工深刻理解制度内涵。培训期间及结束后，针对参会人员提出的各类问题与疑虑，相关人员将严格依据制度内容给予准确、全面的解答，从而圆满完成绩效管理制度从制定至全面导入的终端环节。

第三节　绩效管理制度框架内容

为了让读者更清晰地了解绩效管理制度的框架和内容，结合实际的咨询经验，将多家企业的绩效管理制度进行整合，开发出一个适用于各类企业的通用版绩效管理制度框架。这个通用版框架更加贴合企业的实际应用需求，并将按各模块的顺序进行详细讲解，帮助企业有效实施绩效管理制度。

一、目的

绩效管理的核心目的在于激励员工不断提升工作技能和产出结果。通过绩效管理的各种方法和手段，企业能够及时发现员工在日常工作中的短板和不足，并与员工一起分析原因，采取有效措施加以改进。通过这一过程，企业不仅能帮助员工弥补不足，还能持续激励员工，在不断改进中实现个人与企业的共同进步。

在构建绩效管理体系时，每家企业都会依据自身的具体情况以及在管理过程中遭遇的挑战，设计出具有不同特点的绩效管理策略。例如，一些企业可能旨在通过绩效管理增强团队的竞争力，而其他企业则可能希望通过绩效管理来确保和实现企业的发展目标。还有一些企业可能致力于通过绩效管理来规范员工的工作执行标准。无论企业倾向于哪种绩效管理的目标，其最终的核心目的都是利用绩效管理来激励员工不断进步。

为了使读者能够清晰、明确、直观地理解绩效管理制度目的的表述方式和内容，以下将通过实例进行说明：

目的一：通过绩效评估促进上下级之间的沟通以及不同部门之间的协作，从而优化团队结构并提升工作效率。

目的二：通过客观地评价员工的工作成果、态度和行为，协助员工提升个人工作能力，进而有效地提高公司的整体绩效水平。

二、适用范围

适用范围系指绩效管理制度所涵盖的适用主体范畴。企业在构建绩效管理体系之际，需综合考量实际情况，并经充分讨论后，明确绩效考核的具体对象。在咨询服务的实践中，我们观察到，众多企业在绩效考核对象的选择上存在显著差异。譬如，有部分企业的总经理秉持这样的观点，即企业之核心在于销售与生产双轮驱动，只要此二者得到妥善管理，企业便能稳抓核心工作。因此，此类企业的总经理往往力主绩效考核应聚焦于生产部门与业务部门，而无需将其他职能部门纳入考核范畴之内。

在与某家居配套设备生产企业的交流过程中，深刻感受到该企业总经理对技术研发工作的高度重视。该企业虽然拥有员工总数达1300人，但技术和研发人员占比近半，充分彰显了对技术创新的执着追求。总经理明确指出，技术创新乃企业之"瑰宝"，并规划了进一步扩大研发团队规模乃至在海外设立研发分支的宏伟蓝图。

在谈及绩效管理时，总经理表达了明确的导向：集中考核重心于技术研发部门，鼓励该部门持续精进，同时亦强调其他部门应专注本职，确保企业整体运行顺畅。此等聚焦于核心技术资源的战略部署，深刻体现了企业以技术为引领，驱动市场竞争力提升的坚定决心。然而，亦需审慎考量，以免在强化核心竞争力的同时，忽视了其他部门的潜在价值贡献及整体协同效应的发挥。

在企业绩效管理的实践进程中，我们一贯将非计件薪酬管理人员及具备明确职能分工的职工纳入考核范畴。通过实施科学严谨的绩效考核机制，旨在充分激发此类人员的工作潜能与积极性，促进其不断提升职业素养与能力水平，进而为企业的整体运营效能与持续发展提供坚实支撑。此举不仅有力

第九章　绩效管理制度制定

保障了企业各项管理与业务流程的顺畅运转，更为企业的长远规划与战略目标的实现奠定了稳固的基础。

对于基层一线员工，特别是实行计件工资制的员工群体，传统绩效考核模式并不完全契合其工作特性。其工作成果应以合格产品数量作为核心衡量标准，日常管理则需紧密依托车间内既定的管理规章制度与奖惩机制来有效执行。针对少数采用计时工资制的一线员工，管理重心应放在规范作业流程、强化过程监督与检查之上，而非单纯依赖绩效考核手段。此管理策略更加贴近实际工作需求，有助于显著提升管理效能与产品质量水平。

为确保绩效管理制度的适用范围清晰明了，可以用简洁的语言明确制度适用的员工类别和考核的目的。例如，"本制度适用于 XX 有限公司的计时岗位员工，考核指标进行考核，考核结果作为员工转正参考依据。"这种描述方式有助于员工准确理解制度适用范围，并明确考核的实际影响。

三、考核原则

考核原则系企业在推行绩效管理体系及实施日常绩效考核时所秉持并倡导的核心理念与行为准则。此等原则，既为方向之引领，亦属承诺之体现，更蕴含着独特的考核文化精髓。于日常绩效管理实践中，各企业均依据自身实际情况与企业文化底蕴，精心构筑企业绩效管理制度之考核原则。例如，众多事业单位与政府部门在绩效考核领域，积极倡导并实践以"德、能、勤、绩、廉"为核心导向的评估机制；部分企业则更为推崇"以事实为依据、以数据为准绳"的考核理念；还有企业致力于构建"制度公正、过程透明、结果公平"的考核环境。此等现象清晰昭示，企业之使命、愿景与价值观念的差异，深刻塑造着各具特色的企业文化风貌；而多元的企业文化，又进一步催生出丰富多样的绩效管理考核原则。

从更深层次来看，不同的企业文化孕育出不同的考核原则，如图 9-2 所示。

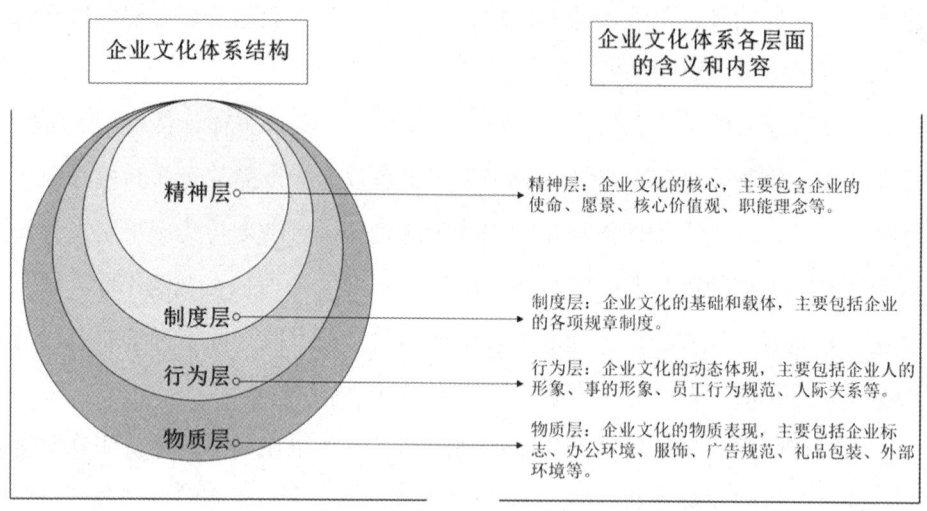

图 9-2　企业文化体系结构

从上述图示可以清晰洞察，绩效管理制度实为企业文化在制度层面的深刻映射与凝练缩影，它不仅是企业文化制度层的重要载体，更承载着企业文化精髓的传递。企业使命、愿景与价值观，作为企业文化精神层的核心构成，其深刻内涵亦在绩效管理制度的考核原则中得以具体展现。绩效管理通过规范化员工的日常工作行为，直接映射出企业文化在行为层面的实践要求，而绩效管理的深入实施，则极大地激发了员工的工作热情与坚定决心，促进了企业与员工双赢的绩效成果诞生，这正是企业文化物质层内涵的具体展现。

因此，从企业文化的宏观视角审视，绩效管理及其考核原则在深度上承接并彰显了企业的文化理念、使命与愿景，构成了企业管理工作的核心与灵魂。为便于读者全面、准确地把握考核原则的内涵与表述方式，以下将辅以实例加以阐释。

考核原则具体包括：①以提升员工绩效为根本导向；②融合定性与定量考核之精髓，确保全面而精准；③秉持公平、公正、公开之原则，营造透明健康的考核环境。

四、职责与权限

在绩效管理体系中，明确各部门和岗位的职责与权限是关键。企业通常通过设立绩效管理委员会，由总经理和副总经理等高层管理者组成，以确保制度的修订和重大事项的审批得到有效处理。

企业应当组建绩效管理执行小组，专门负责绩效管理体系的细致运作事宜。此小组在绩效管理日常实践中，担当着引领绩效管理体系推进的核心角色，并负责其落地实施、监督审查及综合管理。绩效管理执行小组作为临时性组织架构，其领导职务通常由企业人力资源部主管兼任，而各职能部门的负责人则担任组员，协同人力资源部经理，共同推进本部门绩效管理工作的有序开展。

此外，企业内部的各个部门不仅是绩效管理的辅助与执行单位，更是确保绩效管理体系有效实施的坚实基石。绩效管理体系的成功落地，离不开企业各部门领导及全体员工的紧密协作。关键在于，各部门需深刻理解绩效管理的宗旨与制度精髓，并在部门经理的引领下，确保部门成员严格遵循绩效管理制度的各项要求，切实执行到位。因此，在绩效管理制度的职责划分与权限界定中，明确界定各部门的绩效管理职责显得尤为重要，这是保障绩效管理体系顺畅运行的关键所在。

最后，需要着重指出，在绩效管理体系的运行过程中，人力资源部扮演着至关重要的组织部门角色。其核心职责在于，由人力资源部经理亲自挂帅，率领本部门全体成员，紧密遵循绩效管理体系及绩效管理制度的各项规定，深入实施绩效管理制度的培训导入、精心制定绩效计划，并在此过程中辅以绩效跟进与监督的悉心指导。同时，人力资源部还需承担起组织绩效考核工作的重要任务，并致力于绩效的持续改进。纵观这一过程，不难发现，人力资源部人员在完成本部门绩效管理任务的同时，其核心角色定位乃是组织者，他们充分发挥人力资源部的组织优势与职能，严格按照绩效管理的既定计划，积极组织、协调各相关部门，共同推动绩效管理体系的高效运行。

绩效管理并非单纯隶属于人力资源部的职责范畴，此类片面认知的根源，往往在于企业绩效管理知识的匮乏及实践经验的不足。鉴于此，人力资源部作为绩效管理体系的核心组织部门，务必承担起宣传引导的重任，通过多样化的途径，深入向各部门管理者及全体员工阐释绩效管理的宗旨、职责划分等核心内容，此举至关重要，直接关系到绩效管理工作的顺利推进及其最终成效。为便于读者全面、准确地把握职责与权限的界定方式及具体内容，以下将通过实例进行详细阐述。

（1）绩效管理委员会成员和职责

绩效管理委员会由企业高层及关键部门的负责人组成，主要包括总经理、副总经理、生产总监、研发总监、销售总监、财务部经理和人力资源部经理。该委员会的职责包括审定公司整体绩效考核制度和方案（包括修订补充方案），以及研究确定与绩效相关的重大事项和问题。

（2）绩效管理执行小组成员和职责

成员组成：由人力资源部经理担任组长，各职能部门负责人作为组员，共同协助组长推进绩效管理工作的实施。

职责范围：

①负责草拟和修订绩效管理制度，并向绩效管理委员会提交公司绩效考核的制度和指标；

②负责制定和更新新增岗位的绩效考核指标，整合各项考核指标，并依照公司绩效管理制度执行考核；

③审核各岗位绩效考核指标及标准的可行性，确保绩效任务的顺利完成；

④参与绩效计划的制定过程，提供沟通与辅导支持；

⑤在绩效考核过程中，与员工就相关问题进行有效沟通和反馈；

⑥为公司绩效管理提供培训和辅导，增强各部门绩效考核的理论知识和操作技能；

⑦接收并处理员工关于绩效考核的申诉；

⑧支持并服务绩效管理委员会；

⑨负责纠正考核过程中的不规范行为,并对违规行为进行处罚;

⑩负责建立公司绩效考核档案,并应用考核结果。

(3)各部门职责

各部门需深入学习并全面掌握公司绩效管理体系的核心内容。基于部门的阶段性目标,明确员工的工作任务、绩效指标、评价标准,并执行绩效面谈。具体职责包括:

①主导本部门员工绩效考核的实施与推进;

②及时并准确地向相关部门提供考核所需的数据对接;

③支持并协助本单位绩效管理执行小组的工作;

④与被考核员工共同确定考核指标和标准,并通过沟通交流达成共识,确保双方签字确认;

⑤对本部门的考核工作进行培训和指导;

⑥组织并执行本部门的考核流程,包括相关资料文件的收集、整理、审核及汇总分析;

⑦对违反考核制度和流程的行为进行纠正,并执行相应的处罚措施;

⑧协调并处理本部门考核申诉事宜;

⑨建立并维护本部门员工绩效考核档案,合理应用考核结果;

⑩组织并执行本部门的绩效面谈工作。

五、绩效指标类型及构成

绩效指标的类型及其构成,旨在清晰界定企业在实施绩效考核时,所采纳的绩效指标之类别与特性,并精确划分各类指标所承载的权重比例。关于绩效指标的详尽分类,本书绩效指标分类章节已做出系统阐述。一般而言,最为普遍采用的指标分类策略涵盖两种主要途径,具体可参见图9-3。

序号	分类依据	指标类别
第一类	依照指标的性质不同	1.品质特征类指标 2.行为特征类指标 3.工作结果类指标
第二类	依照指标量化程度不同	1.量化类考核指标 2.主观类考核指标

图 9-3 绩效考核指标常用类型示例

据此,在构建绩效管理制度的过程中,关于绩效指标的类型及其具体构成内容,务必紧密结合企业实际情况与绩效管理运行的内在需求,科学界定绩效指标的分类范畴。依据管理咨询领域的广泛实践观察,众多企业普遍采纳"定性类指标融合定量类指标"的综合性架构来实施绩效评估工作。在此架构下,定性类指标进一步细化为品质特征类指标与行为特征类指标两大维度,简而言之,即涵盖态度层面的评价指标与行为表现层面的考核要点。

在本环节中,不仅需清晰界定绩效指标的分类,还需深入细化并明确阐述这两类或三类指标的评分体系及权重分配。企业性质、运行管理模式及经营者管理理念的不同,深刻影响着各类绩效考核指标分数与权重的设定。具体而言,常见的分数权重配置包括定性类绩效指标占比30%,定量类则占70%;或定性类占比 20%,定量类占 80%。根据企业实际需求,亦可灵活调整至四六开或各占一半,但普遍遵循"定量指标权重高于定性指标"的分配原则。此原则的确立,根源在于定性指标往往难以精确量化,评分过程易受主观因素影响;相反,定量指标具备可量化性,其数据与考评结果更为客观,可信度高。因此,"定量指标权重高于定性指标"的分配策略,彰显了其科学性、适用性与实效性。

六、绩效考核实施

绩效考核的实施乃绩效管理制度之核心环节,在此阶段,企业须依据绩效运行之实际需求及企业自身实际情况,明确界定绩效管理体系在实际运作中的具体方法、详尽步骤、时间节点要求以及绩效运行的完整流程等关键要素。具体而言，其涵盖以下几方面内容。

（一）考核周期及考核时间

考核周期及考核时间是指企业设定的绩效评估的频率以及每次评估的起止日期。考核周期通常指的是从上一次评估结束到本次评估开始之间的间隔。绩效考核周期和时间的安排通常有几种不同的模式。

1.月度考核

月度绩效考核周期被广泛应用于稳定且管理熟练的企业，因为它能够及时反馈员工绩效，帮助发现并解决工作中的短板，从而有效激励员工持续改进。每月进行一次考核可以确保绩效指标、考核标准和绩效面谈等工作的及时更新和调整，通常在次月的 2 至 5 日内完成所有相关工作。这种周期适合于管理平稳、人员流动性小的企业。

2.季度考核

以季度为考核周期的企业，通常面临以下两类情形。

首先，企业已完成绩效管理体系的初步搭建，正处于绩效管理制度的试运行阶段。鉴于对新体系内容尚不熟悉，操作步骤与流程尚不熟练，企业可选择季度考核作为试运行方式。然而，此方式存在的显著不足在于时间跨度较长，进程相对缓慢，效率有待提升。

其次，部分企业的性质或岗位特性决定了必须以季度为考核周期。以某企业研发部门为例，其工作特性显著，研发团队及工程师的研发周期普遍较长，导致多数岗位的工作成果难以在月度内得到全面、准确地衡量。因此，有必要将考核周期适当延长，以更好地适应研发类岗位的考核需求。鉴于此，对于研发类部门及岗位，可考虑采用季度考核周期的方法。具体而言，季度绩效考核的启动时间通常定于次季度首月的 2 日至 5 日之间，此期间需完成绩效数据的收集与对接、绩效考评的实施、绩效面谈的组织以及绩效申诉与结果的汇总上报等工作。

3.年度或半年度考核

首要明确的是，对于一般性岗位的绩效考核，不宜采用年度或半年度的考核周期。其缘由在于，绩效管理的核心宗旨在于持续激发员工的潜能与提升，若以年度或半年度为考核周期，则难以通过绩效考核的机制及时洞察员工在工作中的短板与不足，更难以迅速与员工就这些问题进行策略性的改进探讨。因此，过长的绩效考核周期将难以有效实现问题的及时发现、解决方案的迅速制定以及激励措施的及时到位。若对普通岗位实施年度或半年度的绩效考核周期，从严格意义上讲，这已偏离绩效考核的初衷与实质。故在无特殊情况下，对于普通岗位的员工，不建议采用年度或半年度作为考核周期。

一般而言，年度或半年度的绩效评估周期被视作对职业经理人岗位年度工作成效进行衡量的重要手段，尤其适用于年薪制员工岗位。此类岗位的年薪构成，通常包括基础年薪与年度风险效益收入两大部分。而年度风险效益收入的具体数额，则严格依据岗位年初确立的年度经营责任目标之实际达成情况予以确定。因此，采用年度为周期的绩效评估机制，对于公司高层及中层管理等年薪制员工岗位而言，确为适宜之选。

具体至考核周期及时间安排，需明确以下两点：其一，考核周期之设定，即明确绩效评估以月度为单位进行；其二，考核时间之规划，即确保每月的 2 日至 5 日期间，各部门能够圆满完成绩效评估的相关工作。

七、绩效考核实施步骤与流程

绩效考核实施步骤与流程，作为绩效管理循环体系的关键环节，具体涵盖了绩效计划、绩效辅导、绩效考核与绩效改进四大阶段的核心任务。此流程明确了何时启动绩效考核工作，确保了数据收集的时间节点准确无误，规定了考评打分的具体阶段，并明确了数据上交的时间安排，以确保整个考核过程的严谨性、规范性和时效性。

绩效考核的执行阶段是绩效管理流程中的核心环节，同时也是挑战性极强的阶段。其主要挑战在于必须在有限的时间内，依照既定的绩效计划，完成考核数据的搜集、整理、分析以及与相关部门的协调对接，处理绩效申诉，并确保绩效结果得到妥善应用。在执行过程中，面临时间紧迫、任务繁重、涉及部门及人员众多、数据处理和分析工作复杂等多重困难，且必须通过频繁的沟通来确保工作的顺利进行。因此，该阶段的工作特点表现为工作量巨大、任务复杂且时间压力大。基于过往的实践经验，本阶段的工作需特别注意以下两个方面。

首先，鉴于各企业在工作流程与管理模式上存在的显著差异，我们在规划绩效考核推进时间表时，务必紧密围绕企业实际状况，精细安排考核数据统计与对接、评分及绩效面谈、考核结果上报、申诉处理与结果应用这四个关键环节的时间节点。依据过往经验，通常应首先明确企业的薪资发放日期，多数企业以每月十五日作为财务部门对外报账及薪资发放的标准时间点。基于此，我们需逆向推算，即从十五日这一终止日期往前回溯，充分预留财务账务处理时间、人力资源部数据统计与分析时间、人力资源部与财务部数据对接与核查时间、各部门考勤与考核数据提交时间，以及绩效申诉处理的必要缓冲时间等。综合考量绩效考核过程中各类客观需求与潜在影响因素，我们必须紧密结合企业实际运营状况，科学计算出从考核数据统计与对接起始，直至绩效申诉处理与结果应用的完整时间安排，确保绩效考核工作的有序进行与高效推进。

在考核时间规划的环节中，鉴于客户企业特有的运营机制与管理考量，可能会出现既定考核节点与企业生产、销售、财务乃至售后服务等关键环节的作业进程及数据汇总产生时间冲突的现象。针对此类情形，我们通常采用两种应对策略：一是灵活调整绩效考核的时间节点设置，以确保其与企业整体运营的顺畅衔接；二是优化企业内部各部门的工作计划与流程布局，使之与绩效管理的时序与流程安排相协调。

在绩效实施的四个核心环节中，常规流程涵盖了考核数据的统计与对接、评分环节的严谨执行、绩效面谈的深入交流，以及考核结果的上报与后续应用。值得注意的是，在咨询实践中，面临绩效面谈时间难以统一集中的挑战，需灵活调整以延长并分散面谈时段。

审视绩效实施步骤的标准化表格，不难发现绩效面谈环节被明确设定于绩效考评之后，旨在依据考评结果开展针对性的面谈交流。在广泛服务于各类企业的过程中，我们遇到了一家具有显著特征的全国性集团化运营企业，其业务版图辽阔、人员规模庞大，且存在总部职能部门总监兼任分公司总经理的特殊情况。该企业最初尝试在绩效评分揭晓后立即启动面谈工作，然而，实际操作中遭遇了与区域业务部门及总部职能部门之间协调的难题，导致既定流程难以顺畅执行。

鉴于上述困境，适时对绩效面谈的时间安排进行了战略性调整，将其置于更为灵活的时间段，并赋予部门总监自主权，允许其根据实际情况分散安排面谈时间，而非强制要求在特定日期集中完成。这一调整举措高度契合了该企业独特的运营模式和需求，有效保障了绩效管理工作的顺利实施，充分展现了在面对复杂情境时的灵活应变能力和专业服务水平。

第十章　绩效计划

第一节　绩效计划的概念及内容

一、绩效计划的概念

依据绩效管理 PDCA 循环的核心理念，绩效计划作为整个绩效管理体系构建与实施的基石环节，占据着至关重要的地位。此环节标志着绩效管理 PDCA 循环的正式启动，是考核主体与对象间就考核目标、核心绩效指标、评估准则、绩效成果及其运用等关键要素进行深入交流、明确并签订绩效协议的过程。纵观绩效管理的完整链条，绩效计划阶段实为绩效考核全程各项准备工作之集大成者，包括但不限于绩效指标的精心设定、考核标准的严谨制定、绩效指标库的完善构建以及绩效管理制度的规范确立，这一系列举措为绩效管理后续工作的有序推进与高效执行奠定了坚实的基础。

二、绩效计划的内容

（一）绩效计划是绩效管理工作的开启环节

从绩效管理的全面流程审视，其本质是一个涵盖计划至辅导、考核至改进的闭环过程，与企业经营管理所秉持的 PDCA 循环理念高度吻合，亦即"戴明环"所阐述的计划、执行、检查、改进之四步循环机制。绩效管理作为一项系统性工程,具体细化为绩效计划、绩效辅导、绩效考核以及绩效改进与结果反馈四大环节。为确保绩效管理在企业内部得以科学、高效地推行与实施,各环节工作均需严谨对待,不容有失。因此,企业在实施绩效管理时,必须首先扎实做好绩效计划阶段的统筹规划与部署,以此作为后续各阶段工作顺利推进的基石与起点。故而,绩效计划阶段可视为绩效管理整体工作启动的关键期、基础期与必由之路。

(二)绩效计划的核心内容是确定绩效目标、考核指标和考核标准

从绩效规划的内容剖析来看,绩效规划阶段务必涵盖对被考核者绩效目标的精确设定、关键绩效指标(KPI)的明确导出、绩效考核标准的科学制定(包括量化公式的确立),以及绩效指标与标准的深入沟通与确认工作。这一系列工作的扎实开展,为后续绩效辅导、绩效考核、绩效改进与反馈等关键环节奠定了坚实基础,标志着企业绩效管理 PDCA 循环步入了一个持续改进与提升的新阶段。

(三)绩效计划分名词与动词的理解

就绩效管理的实施流程与成效而言,绩效计划的核心构成涵盖两方面重要内容:首要之务为确立绩效目标指标并正式签订绩效合约;其次为绩效交流,即在绩效规划阶段,管理者需与员工就岗位目标、指标设定及考核标准的适用性、可操作性、接受度进行深入的探讨与沟通,确保通过沟通达成共识,此过程乃绩效计划之精髓所在。

鉴于上述绩效计划的双重核心内容,并依据绩效计划环节的本质属性进行深入剖析,可将绩效计划这一概念,依据其不同侧重点,既视作一个名词以体现其结构性要素,亦视为一个动词以彰显其动态执行过程,从而形成了对其性质的双重界定与理解。

将绩效计划视为名词,在此语境下,绩效计划即一份明确工作目标、界

定绩效考核指标及确立绩效指标衡量标准的正式契约，精准映射了绩效计划内涵的首要层面：即确立绩效目标、设定考核指标，并正式签署绩效合同。

将绩效计划视作动词时，绩效计划体现为管理者与员工间的深度交互过程，通过共同探讨与协商，就员工的具体工作目标、考核标准及指标达成高度共识，从而构建出一份具备法律效应的契约。从动词维度解读绩效计划，它深刻体现了绩效计划实施的关键环节：绩效沟通的核心作用。在此过程中，管理者与员工就工作目标的合理性、指标的实用性、考核标准的可行性及认可度展开全面而细致的对话，通过深入交流，双方共同确认并达成高度一致的认同。

（四）绩效计划是一个双向沟通的过程

综上所述，绩效计划的核心环节在于明确被考核对象的工作目标、细化考核指标、设定考核标准，并同步安排沟通面谈的具体安排。然而，深入剖析或亲身体验此过程后，不难发现，尽管确立与明确被考评者的绩效指标及标准至关重要，但其仅为绩效计划整体流程中的辅助性成果。绩效计划之精髓，实则聚焦于绩效沟通与绩效面谈的深入实施，此乃推动绩效计划有效落地的关键环节。

绩效沟通面谈工作的成效，其核心在于管理者能否深刻把握自身角色定位，有效转变传统管理与被管理的层级界限，以平等互信的姿态，促进双向交流的深入展开。在确立绩效目标、指标及标准时，应避免单方面强加于员工，确保在员工充分理解、认同并积极参与的基础上，进行科学合理的设定。切不可在员工存疑、抵触乃至反对的情况下，强行推行考核指标，否则，此类绩效计划终将难以奏效。管理者应采取沟通、探讨与协商的方式，与员工共同确定绩效考核的具体指标与标准，唯有当员工由被动接受转变为完全认同并主动配合时，绩效管理工作方能真正激发员工的自觉性与积极性，从而实现绩效管理的核心目标与预期效果。

第二节　绩效计划在绩效管理系统中的作用

在绩效管理的实施过程中，众多管理者普遍展现出对绩效考核环节的显著重视，然而，在绩效计划的制定环节上，其重视程度尚显不足。此现象为初建绩效管理体系的企业所常步入的误区之一。绩效计划，作为管理者与员工间就考核周期内应达成的工作任务及其具体标准进行深入探讨，并据此形成共识性契约的关键过程，其作用不可忽视。具体而言，绩效计划具备以下几方面的重要作用。

一、绩效计划是绩效管理的起点，是进行绩效管理的基础和依据

绩效计划，系指企业与员工之间，在明确责任、权力与利益分配的基础上，紧密围绕企业既定的绩效考核周期，针对各岗位设定的阶段性工作目标，精心制定的一项具有可操作性的规划。

绩效管理的成功不仅依赖于后期的绩效考核，更在于前期的绩效计划。有效的绩效计划能够为员工设定清晰的目标和方向，使他们在工作中有明确的奋斗目标，并促使员工与企业达成共同的工作目标。忽略绩效计划的制定可能导致管理效果打折扣，正如人们所说，"没有计划的计划，就是走向失败的计划"。

绩效计划不仅是绩效管理的起点，也是系统实施的基础。它通过总结过往经验和规划未来方向，帮助企业将战略目标与员工个人目标有机结合。实施绩效计划的过程需要企业与员工之间的密切沟通，确保绩效目标的明确性，从而有效推动企业战略的实现。

成功的绩效管理依赖于重视绩效计划，企业在推行绩效考核时应把重点

放在为每个岗位制定绩效计划上。只有为每个岗位制定详细的绩效计划,才能为绩效管理的有效实施奠定坚实基础,从而使绩效管理真正发挥作用。

二、绩效计划为组织和员工提供了绩效考核的依据

绩效管理是一个涵盖绩效计划制定、绩效辅导实施、绩效考核评价、绩效考核面谈等环节的完整系统。其中,制定切实可行的绩效计划,不仅是绩效管理的起始步骤,更是其核心与关键所在。一旦绩效计划得以确立,考核期末即可依据员工亲自参与制定并郑重承诺的绩效指标,进行公正客观的考核。对于那些卓越完成绩效计划的组织与个人,经过全面而细致的绩效考核,将赢得高度评价并荣获相应奖励,以资鼓励。相反,对于未能达成绩效目标的组织或个人,上级领导应主动介入,深入分析未完成计划的内在原因,并积极协助下属制定针对性的绩效改进方案,以促进其后续发展。

三、科学合理的绩效计划能保证组织、部门目标的贯彻实施

个人的绩效规划、部门的绩效规划及组织的绩效规划之间存在着紧密且相互依存的关系。具体而言,个人的绩效规划为部门绩效规划提供坚实基础,而部门绩效规划则进一步支撑起组织整体的绩效规划体系。反之,组织绩效规划的成功实现,离不开部门绩效规划的有效执行,而部门绩效规划的顺利推进,则依赖于个人绩效规划的高效落实。

在筹划组织、部门及个人层面的绩效规划时,务必注重资源的统筹协调,确保各类资源能够精准聚焦于对组织目标实现具有关键性影响的领域,从而有效突破组织发展的瓶颈限制。通过此种方式,不仅能促进部门与个人绩效规划的顺利实施,更为组织整体目标的达成奠定坚实基础。

四、绩效计划为员工提供努力的方向和目标

绩效计划涵盖绩效目标、绩效考核指标及其权重分配,以及评价标准等核心要素,为部门及个体工作树立了明确、具体的任务导向与期望。此计划不仅明确了部门与员工的奖惩导向与标准,更是指引其努力方向的重要标杆。通常情况下,各部门与员工会积极响应组织期望,致力于达成既定目标。

在制定绩效计划的环节中,确立科学合理的绩效目标乃是最为关键的一环。此步骤对于绩效管理的有效实施具有深远意义,直接关乎其成败。现实中,不少企业在推行绩效考核时遭遇困境,其根源往往可追溯到绩效计划制定的不合理性。具体而言,若员工绩效目标设定过高,即便全力以赴亦难达成,易导致挫败感与消极情绪;反之,若目标设定过低,轻易实现则难以激发员工潜能与积极性。此等现象不仅挫伤员工士气,亦削弱了绩效薪酬的激励作用,无法有效激发员工的内在动力。

制定合理可行、既具挑战性又不失可实现性的绩效目标,是绩效管理成功的核心所在,对于促进组织发展、提升员工效能具有不可替代的作用。

第三节 绩效目标的概念及内容

一、绩效目标的概念

在制定绩效计划时,员工绩效目标是至关重要的环节。它结合了企业的组织目标、部门规划及岗位职责,明确了绩效考核的核心内容。绩效目标不仅是关键绩效指标的中介,也是一种过渡性产物,一旦关键绩效指标确立,绩效目标的作用就会完成。

虽然绩效目标在绩效计划制定中扮演着关键角色,但其内容的复杂性使

得在绩效计划环节中详细讲解不够合适。绩效目标的讲解应该独立出来，以确保内容结构清晰，避免与其他绩效计划内容混淆，从而更有效地传达其重要性和细节。

一般而言，组织的总体发展战略及经营规划保持着相对的稳定性，而绩效目标则是在此战略与规划的宏观框架下，具体明确组织期望员工在既定考核周期内所应达成的工作成效。员工绩效目标，实为组织总体战略目标、团队具体目标及岗位职责在绩效规划中的细化体现，它不仅是组织发展方向的微观映射，也是对员工工作行为的明确导向，促使员工在绩效周期内科学分配任务，高效推进工作。

员工的直接上级，依据员工在绩效周期内所展现的工作质量及完成进度，进行客观公正的绩效评估，此举旨在全面反映员工工作实绩。因此，构建科学且高效的绩效目标体系，对于夯实后续绩效管理工作的基础，确保管理活动有序开展，具有至关重要的意义。

二、设定绩效目标应考虑的因素

第一个关键因素，绩效目标的设定须严格遵循并服务于企业的战略规划及发展目标与计划体系。无论企业是否已确立长期、中期或短期战略规划与发展蓝图，均应明确其短期、即年度内的经营策略规划。据此，在构建岗位绩效目标框架时，务必紧密围绕企业战略蓝图与经营规划的核心要义，将企业经营规划的关键目标无缝融入岗位绩效目标及考核指标体系之中，并视其为工作的重中之重加以推进。此举旨在构建一个紧密相连的体系，将企业的战略规划与经营发展目标与各个岗位的具体工作指标紧密对接，确保每位员工均能承载起企业的使命与任务，将企业的宏伟蓝图细化为每位员工的岗位职责，从而推动企业整体经营计划的顺利实现。而企业整体经营计划的圆满达成，则离不开每位员工绩效目标的圆满实现及其不懈的奋斗与贡献。

第二个关键因素在于，绩效目标的科学设定，务必确保将部门层面的管理与经营目标细化并嵌入至本部门各岗位的职责范畴内，以此构建一种部门经营与管理目标由全体岗位人员携手共担、合力实现的良性机制。具体而言，部门管理与经营目标的设定蕴含以下四层深刻意涵：

其一，部门的经营与管理目标紧密承接企业总体战略规划和经营计划目标，系将宏观战略及经营规划细化并下沉至部门层级，以实现企业目标的具体化与操作化。据此，部门务必将企业层级的战略与经营规划精心拆解，精准落实到本部门，进而将分解至部门的战略规划与经营计划目标进一步细化至部门内部各岗位，确保每一岗位均具备明确的绩效目标、绩效指标及科学的考核标准，以推动部门乃至整个企业战略的顺利实施与达成。

其二，部门在承担企业总体战略规划和经营计划目标的同时，亦可能基于其特定属性和职能范畴，衍生出若干具有部门鲜明特色的经营与管理目标。例如，企业的人力资源部、行政管理部及财务部等核心职能部门，往往会涉及一系列与企业总体战略规划和经营计划目标关联度不甚紧密的事务性经营与管理任务。此类目标多具强烈的部门专属色彩，各部门因职责各异，故而形成各自独特的经营与管理目标体系。因此，在制定岗位绩效目标、绩效指标及考核标准时，务必全面考量并纳入部门层面的经营与管理目标，以确保目标设定的全面性与科学性。

其三，绩效目标的制定过程，应充分吸纳部门主管领导的权威意见。诚然，在确立绩效目标及其配套的绩效指标与考核标准时，我们需秉持科学方法，强调客观性与公正性。然而，在咨询实践的具体操作中，即便是在遵循既定方法论与理论框架的前提下，面对特定情境，仍需灵活考量部门主管领导乃至跨级领导的见解与建议。此类情形不宜片面地视为主观臆断或偏离科学轨道，实则蕴含了重要的现实意义。尤其是在企业运营管理的广阔舞台上，各部门于特定阶段常需应对一系列至关重要的任务，这些任务虽未必直接关联企业的长远战略规划或日常经营计划，亦非部门管理目标与经营策略的核心构成，但作为阶段性的特殊使命，其妥善处理与否将深刻影响企业的整体运营态势。鉴于此，部门负责人往往会将此类阶段性重点工作转化为具体的绩效目标，并精准对接至相关岗位，从而形成了所谓"领导导向"的绩效目标与指标体系。此举旨在确保关键任务得到有效执行，促进企业健康、稳定发展。

其四，岗位的核心职责构成绩效目标设定的基石。在绩效目标设定流程中，依据岗位职责所提炼的绩效指标，是最为普遍、便捷且产出量大的方式。此过程往往紧密依托职位说明书作为核心参考材料，鉴于其详尽囊括了企业各岗位的核心职责范畴，因此，依托职位说明书进行绩效目标的提炼，成为最为直接且高效的途径。就产出成果而言，所确立的绩效目标能够全面覆盖岗位的核心工作任务，同时，确保了绩效目标的精准对位，有效避免了偏离岗位工作职能范畴的情况发生。

三、绩效目标的确定

绩效目标是不容置疑的，然而，考核的标准以及实现这些目标所需的资源支持则是可以进行讨论的。

此处所述之绩效目标，系指依据企业战略、发展规划、部门管理以及经营计划细化至各岗位之具体目标，其设定原则上不容置喙，不容商讨。此类目标，作为推动企业战略蓝图顺利实现的刚性任务，其重要性不言而喻。故而，一旦目标分解至各岗位，全体员工务必无条件、全身心投入执行，不得有丝毫懈怠与讨价还价之念。

然而，关于如何实现既定绩效目标、所需资源之配置以及上级主管领导应给予何种支持等问题，员工完全有权且应当与主管领导进行深入交流与探讨，共同寻求最佳解决方案。为实现企业战略愿景与部门经营目标，员工可就实现绩效目标过程中涉及的人力调配、物力保障、政策倾斜、制度支撑等要素，与上级主管领导展开充分协商与确认，以确保各项资源得到合理有效配置，从而更加高效地达成既定绩效目标。

四、岗位核心绩效目标和绩效指标数量

在一般情形下，设定岗位绩效考核时，关键绩效指标的数量应界定在 5 至 8 个之间，同理，制定岗位绩效目标时也宜遵循此范围。若绩效目标与关键绩效指标设置过多，易导致员工核心工作职责模糊不清，难以集中精力于岗位的核心任务上；反之，若设置过少，则可能无法全面覆盖岗位的核心工作内容，从而在绩效考核中遗漏员工的关键绩效表现。基于丰富的咨询实践经验，普遍认为，为每个岗位设定 5~8 个绩效目标与关键绩效指标，是最为恰当且合理的做法。

在确定绩效目标时，应优先考虑岗位说明书中的全责类工作，这些职责构成了绩效目标的主要来源。由于其他类型的工作（如协助类、阶段性、非常态和兼职类工作）对绩效目标的影响较小，因此通常不包括在内。这种做法确保了绩效目标的准确性和相关性，使其更加聚焦于岗位的核心职责。

在明确全责类工作绩效目标的过程中，我们发现部分全责类工作具备合并的可行性，合并后仅需单一绩效目标即可全面涵盖，故 5 至 8 个绩效目标已足以体现岗位核心工作的全貌。以下通过具体实例阐释此环节运作机制：以招聘专员岗位为例，其日常职责与职位说明书详尽记载了招聘信息的策划、发布、简历筛选、面试邀请及初步面试等五项全责任务。在绩效目标设定环节，我们采用归并同类项的方法，将这五项任务整合为招聘管理这一绩效目标，并相应提炼出招聘计划达成率作为关键绩效指标。此合并过程清晰展现了，尽管工作细分为多个环节，但终极衡量标准聚焦于实际招聘到岗人数，各环节仅为达成此目标的流程性活动。因此，招聘管理绩效目标与招聘计划达成率关键绩效指标，充分反映了上述五个阶段工作的成效。综上所述，经过合理归并后，5~8 个绩效目标及关键绩效指标不仅足以满足企业绩效考核需求，亦全面覆盖了被考核岗位的核心职能与工作内容。

五、绩效目标的来源

绩效目标的设定主要受到企业总体战略目标、部门工作计划、岗位职责以及流程等多种因素的影响。具体而言，员工的绩效目标源自四个主要渠道。

（一）企业战略目标或部门目标

为了有效落实企业的战略目标和计划，制定绩效目标时应紧密结合企业的整体战略和部门目标。员工的绩效目标应从部门或团队的目标中衍生，而这些团队目标又源于企业组织目标的分解。通过这种层层传递，员工的工作方向将与企业的总体目标保持一致，从而确保企业战略的顺利实施。

（二）部门及岗位职责

部门和岗位职责具体描述了一个部门、团队或岗位在企业中的作用、角色，以及其承担的任务和职能，主要是指它们应为组织作出的贡献和完成的任务。

（三）内外部客户的要求

在现代企业管理中，企业内部的协同单位可以被划分为战略业务单元 SBU（stra-tegic business units），每个部门或岗位都可以作为一个独立的 BU。在这种结构中，内部客户关系成为关键概念，上游 BU 为下游 BU 提供产品或服务，而后者则是前者的客户。绩效的评估不仅依赖于外部客户的满意度，还要考虑内部客户的需求。因此，设定绩效目标时必须同时关注内部和外部客户的需求，这样才能确保绩效目标的有效性和可实现性。

（四）绩效改进的要求

绩效管理通过绩效计划、辅导、考核、改进和反馈四个环节，形成一个遵循 PDCA 逻辑的持续改进循环。在这个过程中，员工在前一个考核周期中的问题和管理者提出的改进建议,将直接影响并指导下一个周期的绩效目标设定,从而推动绩效的持续提升。

六、绩效目标设定的方法和过程

绩效目标的设定,需紧密依托企业战略规划的蓝图、部门工作计划的部署以及岗位工作职责的界定,经严谨程序制定并输出。一旦绩效目标得以确立,随即需据此提炼出关键绩效指标及相应的考核标准,并确保与员工达成共识。此过程中,管理者需秉持全局视野,融合企业战略规划的精髓、部门工作计划的要点以及岗位工作的具体职责,与员工携手明确岗位绩效目标。同时,针对绩效目标,需进一步细化出关键绩效指标。尤为关键的是,在考核标准的制定环节,管理者需与员工深入交流,就考核标准的量化策略选择、目标值的设定与确认等核心议题进行反复斟酌与探讨,力求精准无误。因此,从实践层面审视,绩效目标及其关键绩效指标、考核标准的确定过程,实为一场员工与管理层之间积极互动、共同进步的正面博弈。一般而言,绩效目标的设定可通过多种途径与方法加以实现。

(一)自上而下制定绩效目标

所谓自上而下制定绩效目标,是指将企业整体的经营发展目标与部门级别的经营、管理规划,系统而精准地分解至与企业总目标紧密相连的各个岗位,通过企业内部相关岗位的协同努力,共同达成企业及部门的经营计划与既定目标。这一过程称之为"自上而下"的绩效目标设定机制。在此绩效目标逐级分解的框架内,销售、生产及技术研发等部门往往承担着公司主要及部门层面的经营计划和目标,而人力资源、行政管理、财务管理等职能部门及其岗位虽也需承接相应指标,但其承担的任务量相较于前者则相对较少。

（二）自下而上制定绩效目标

制定绩效目标的过程，若采取自下而上的方式，其路径与自上而下的方式截然相反。然而，值得注意的是，自上而下制定的绩效目标往往能够全面覆盖岗位的各项绩效要求，确保目标的全面性；相比之下，自下而上制定的绩效目标则更为聚焦于员工基于自身岗位职责所提报的特定部分，这些目标多源自岗位的核心工作内容与职能范畴，其性质更倾向于具体的事务性工作目标。

（三）双向制定绩效目标

双向制定绩效目标的过程，实则是对上述两种情境的深度融合与协同。具体而言，它首先涉及将企业整体及部门层级的战略导向与经营规划，逐层细化并精准落实到每位员工的岗位职责之中。与此同时，鼓励员工依据自身岗位的实际职责与工作要求，积极提出绩效目标的构想与建议。在此基础上，管理者与员工开展深入沟通与交流，通过集思广益、协商共议的方式，共同确定并输出既符合企业战略需求，又体现员工岗位特色的最终绩效目标。

绩效目标乃是企业组织目标、部门规划及岗位职责向关键绩效指标转化的桥梁，其性质具有过渡性。当关键绩效指标得以明确后，绩效目标的阶段性任务即告完成。实际上，企业在提炼关键绩效指标的过程中，可资利用的路径颇为丰富，诸如鱼骨图法、战略地图法、职位说明书法等，均为行之有效的绩效指标及关键绩效指标提炼手段。因此，绩效目标的设定与利用鱼骨图法、战略地图法、职位说明书法等提炼绩效指标之间，非但不相抵触，亦无冲突之虞，仅在于方法与路径的差异性。绩效目标可视为提炼绩效指标的前置环节，亦可视为一种提炼渠道，其确立过程有时亦涵盖于运用其他工具提取绩效指标的整体流程之中。

第四节　绩效计划制定的步骤和内容

一、绩效管理理念的宣传贯彻和培训

绩效管理是一个包含多个严谨环节的系统性任务，包括计划制定、辅导、考核、改进与反馈。在绩效管理的推进过程中，首要任务是宣传和贯彻绩效管理理念，并加强相关培训。虽然许多书籍未将这一环节视为绩效计划的一部分，但在计划启动时优先落实理念宣传与培训工作，能为绩效管理的顺利实施打下坚实基础，具有重要的战略意义。

曾面临一桩典型案例：某企业高层领导、中层管理者及人力资源部，依循公司战略发展的需求及决策，筹划于全公司范围内启动并实施绩效管理体系。企业总经理对此项工作的推进给予高度重视，人力资源部亦紧锣密鼓地筹备并加速构建绩效管理体系框架。与此同时，各部门管理者积极响应绩效管理工作实施的要求，通过研读书籍、网络学习等途径，自我提升绩效管理相关知识，全公司上下弥漫起浓厚的绩效考核推行氛围，预示着此项工作即将顺利展开。

历经一系列紧张而周密的筹备，绩效管理工作正式拉开帷幕。根据既定绩效计划的内容与要求，各部门管理者需与员工就具体工作目标、绩效指标及考核标准进行深入的面谈沟通。然而，当被考评员工被召集至会议室进行绩效沟通之际，多数员工面露困惑之色，首要问题即不明此次会议之确切目的；其次，对于绩效考核的本质意义、与自身之关联性及绩效面谈的必要性均缺乏基本认识；更有甚者，对绩效计划、绩效目标、考核标准等人力资源管理领域的专业术语一无所知。

此番情境，凸显出该企业在推行绩效管理过程中存在的一个重大疏漏，

且此漏洞往往易被忽视，未获充分重视。其症结在于，绩效计划实施前夕，未能有效开展绩效管理理念的宣传普及与专业培训，从而导致了后续工作的阻碍与挑战。

在绩效计划启动之初，结合管理咨询过程中绩效管理理念的宣传贯彻和培训实践经验，以下知识点需要得到重点培训和宣传引导，企业可依据自身情况选择性采纳：

（1）人力资源管理的定义。

（2）绩效管理的概念。

（3）绩效管理包含哪些内容。

（4）企业实施绩效管理的原因。

（5）绩效管理与员工工作之间的联系。

（6）绩效管理的专业知识和术语解释。

（7）绩效管理的实施流程。

（8）绩效管理制度的培训。

（9）绩效管理问题的现场解答。

二、管理者与员工明确绩效考核指标的构成

《绩效考核表》是绩效考核执行的关键工具，详细定义了各类考核指标及其权重分配体系。考核指标通常分为定性和定量两类：定性指标侧重主观评价，涵盖品质特征和行为特征；定量指标则是关键绩效指标（KPI），基于客观的量化标准。这种分类确保了考核的全面性与精确性。

绩效计划部署的首要任务是向员工展示《绩效考核表》，确保他们清楚了解定性与定量指标的具体数量及权重分配。这一过程旨在帮助员工全面理解其岗位的考核指标和特征，从而为绩效考核的顺利进行做好充分准备。

在绩效管理过程中，管理者与员工共同明确绩效考核指标构成的阶段，本质上是对公司《绩效考核表》的全面展示与解释。由于《绩效考核表》的

架构、指标类别及权重配置已经在绩效管理体系构建时经过高层管理者和资深制度设计者的精心设计和深思熟虑，员工无需也无权提出调整意见。此阶段的重点在于让员工充分理解和接受《绩效考核表》的内容与结构，确保绩效考核的顺利进行。

在咨询实践中，与员工明确绩效考核指标构成时，有一个小技巧。这一环节的工作也可以在绩效管理理念的宣传和培训中，通过以特定岗位为例的方式进行初步培训，帮助员工理解该表格的框架结构。这样，在实际执行阶段，员工便能在较短的时间内对本岗位的《绩效考核表》的内容和结构进行快速浏览和确认，如图10-1所示。

部门	销售部	被考核岗位	业务员	姓名		考核时间：	年 月 日
指标类型	权重	考核指标		绩效评估标准		分值	得分
品质特征指标	15%	执行能力		1级（0分）		20	
		团队精神		2级（5分）		20	
		学习能力		3级（10分）		20	
		沟通协调能力		4级（15分）		20	
		责任感		5级（20分）		20	
行为特征指标	15%	成本意识		1级（0分）		20	
		服务协作意识		2级（5分）		20	
		积极性		3级（10分）		20	
		纪律性		4级（15分）		20	
		原则性		5级（20分）		20	
结果类关键绩效指标	70%	销售额		实际值/目标值×100%		30	
		利润率		每降低1%扣除2分		25	
		老客户流失率		出现流失本项0分		20	
		资金回笼率		实际值/目标值×100%		15	
		新客户开发量		新增满分、不增0分		10	

考核人签字：＿＿＿＿＿＿　　被考核人签字：＿＿＿＿＿＿　　考核得分合计：＿＿＿＿＿＿

图10-1　某企业绩效考核表示例

三、管理者与员工确定绩效目标和绩效考核指标

管理者与员工需明确界定绩效目标与绩效指标的定义、涵盖范围，并深入剖析二者之间的内在联系。以下将从多个维度进行详细阐述。

（一）确定绩效目标和确定绩效指标是完全不同的工作

在绩效管理体系中，首要任务是明确绩效目标，其后才是具体绩效指标的设定。明确绩效目标，实质上是对被考核岗位工作范畴的精确界定，涵盖了工作模块的具体划分、工作任务的科学分配、关键任务的重点确认，以及岗位所承担的来自公司及部门层面的任务等，此过程旨在清晰界定员工岗位职责与核心任务。至于绩效指标的设定，则是在绩效目标确立的基础上，针对既定的岗位工作内容、工作模块及重点任务，进行关键绩效指标的提炼与明确，以确保绩效评价体系的有效性与针对性。

从构建企业绩效管理体系的历程审视，绩效目标的设定核心聚焦于被评估岗位的具体职责、工作模块及关键任务界定。然而，普遍而言，各岗位工作内容的明确并非直接嵌入绩效计划阶段，而是紧随岗位分析之后，在岗位说明书的编制过程中得以确立。因此，在实际操作中，绩效计划环节紧密依托职位说明书，特别是其中关于职责（"责"）的详尽阐述，以此为依据设定工作目标并导出绩效指标。这深刻解释了为何作为企业管理咨询的专业人士，在协助企业构建绩效管理体系时，即便企业仅提出"专注于绩效管理体系构建"的单一需求，咨询专家仍需介入岗位分析，并输出详尽的职位说明书。简而言之，唯有全面完成各岗位职位说明书的编纂工作，方能有效支撑绩效计划阶段中大部分绩效目标的精准设定（需注意的是，部分绩效目标亦源自组织及部门层面的战略规划）。

需着重强调，绩效目标确立的流程中，核心环节在于明确工作范畴与核心任务，同时亦需兼顾企业长远战略规划、年度及部门计划之要求，以精准提炼出部分关键绩效目标。一旦绩效目标得以确立，后续绩效指标的提炼工

作方可顺利推进。如图 10-2 所示，不同路径对应着差异化的绩效指标类别，确保目标体系的完整性与科学性。

渠道	内容	绩效目标	绩效指标
岗位说明书	工作内容	岗位职能类绩效目标	岗位职责指标 PCI
部门工作计划	部门重点工作	部门重点工作目标	关键绩效指标 KPI
战略或发展规划	经营目标	经营性绩效目标	关键绩效指标 KPI

图 10-2 绩效指标输出渠道示例

（二）管理者与员工确定绩效目标和考核指标的过程是绩效计划的核心内容

绩效目标的确定和设立需要参考企业的战略目标、发展计划、部门管理目标以及岗位职责。包括岗位的重点工作和核心任务，是考核指标的来源。

在绩效计划中，考核指标的确认是在绩效目标设定之后的关键环节，需要基于各类绩效目标来制定具体的考核指标。如利用鱼骨图法和战略地图等工具和方法来输出有效的绩效管理指标。关键绩效指标输出的具体步骤，详见图 10-3 所示。

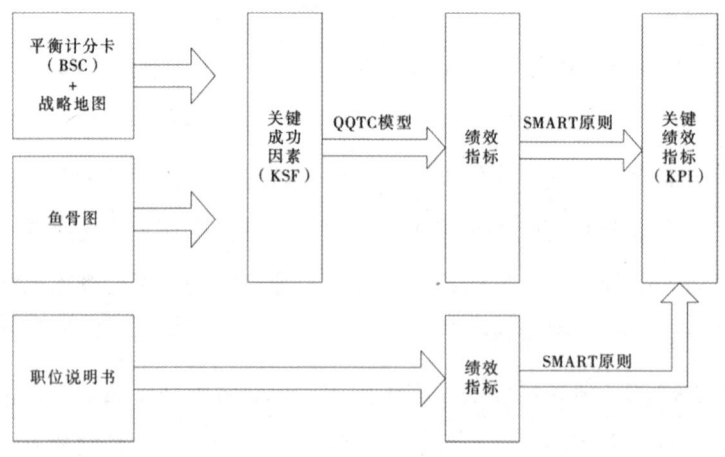

图 10-3 关键绩效指标输出路径

（三）绩效目标可以细化为具体的考核指标和考核标准

绩效指标与考核标准，作为绩效目标的具象化表达，深刻体现了绩效管理的精髓。依据前述阐述，我们可明确，绩效目标的设定，实为确立绩效指标与考核标准之基石。在绩效规划的进程中，核心要务即在于明确各岗位所对应的绩效指标与考核标准。在实际的绩效评估实践中，直接针对员工的绩效目标进行评估既不可行亦不现实，唯有将岗位绩效目标细化为具体、可操作的考核指标与标准，方能为绩效评估的顺利推进奠定坚实基础。故而，本环节之终极追求，即在于精准无误地完成考核指标与标准的设定工作。至于绩效目标向具体绩效指标与考核标准转化的过程，可详参图10-4。

岗位名称	绩效目标	绩效指标	考核标准
业务员	完成年度销售任务	销售额	实际值/目标值×100%
招聘专员	完成本月招聘工作	招聘计划达成率	实际到岗人数/计划招聘人数×100%

图10-4　绩效目标细化为绩效指标和考核标准示例

四、绩效考核标准的制定和确认

绩效考评标准系指对员工绩效完成情况及结果实施全面考量、科学评定、合理分级与分类的基准。具体而言，其制定过程旨在通过恰当的途径与手段，对员工在既定考核周期内所展现的工作质量、效率等关键要素进行精准评定与衡量。此举之核心目的，在于针对多样化的绩效指标，运用相应的、适宜的衡量或计算方法，以客观、公正地评判各项指标之达成效果，从而确保评价结果的准确性与权威性。

在本环节，我们将制定并和员工共同确定及讨论考核标准，这些标准涵盖定性考核和定量考核两个方面。

(一)定性类考核标准的制定

总体而言,企业应当紧密结合自身经营发展的阶段性特征及绩效管理的实际需求,科学选定契合企业特色与需求的定性绩效指标评价标准体系。在推进绩效考核工作的具体实践中,需明确认识到,并无绝对最优之法,唯有最契合企业实际之路径。因此,企业需深入探索并明确自身所需的定性绩效指标评价标准,以及何种标准最为适配。基于管理咨询领域的丰富实践,我们特此推荐"行为锚定等级评价法"这一定指标评估模式,其特点鲜明,体现在高度的实用性、操作的简便性,以及评分结果的客观公正性上。

(二)定量类考核标准的制定

定量类绩效指标的评价标准通过具体的计算公式或数据来制定,采用方法如百分比、比例、比率、等差和是否完成等方式来衡量绩效。常用的方法包括非此即彼法、百分比法、层差法和加减分法,这些方法帮助将绩效指标进行具体、量化的评估。

五、分配绩效指标权重

在绩效管理体系中,权重亦被称作"指标权重",此概念特指绩效指标间所展现的相对重要性。其有别于常规比重之处,在于其不仅反映某一因素或指标在总量中的百分比,更深刻地彰显了各因素或指标在绩效体系中的相对重要层次,侧重于对贡献度或重要性的考量。依据统计学的基本原理,在绩效管理的实际应用中,我们将绩效考核对象所涵盖的全部关键绩效指标的权重总和设定为1(即100%),而各单一指标的权重则采用小数或百分比的形式予以表达,此即所谓的"权重系数",简称之"权重"。

绩效指标的权重分配工作应严谨遵循两个关键步骤及两类指标类型进行规范处理。

第一，涉及定性类绩效指标与定量类关键绩效指标权重的合理分配。在此环节中，需明确界定两类指标的权重占比，通常遵循科学比例原则，如定性类与定量类指标权重设置为30%与70%，或20%与80%，以确保评价体系的全面性与客观性。

第二，聚焦定性类与定量类两类指标内部，各具体绩效指标权重的精确划分。此过程需细致入微，确保每个绩效指标均获得恰当的权重或分值，以全面反映工作实绩与贡献度。具体权重分配详情，可参见附图10-5，该表详细列出了各项指标的权重分配情况，供参考执行。

岗位名称	指标性质	权重	KPI指标名称分值	分值	目标值	量化公式
业务员	定性指标	30%	执行能力	20	/	考评标准详见《品质与行为特征绩效评估标准》
			团队精神	20	/	
			学习能力	20	/	
			沟通协调能力	20	/	
			责任感	20	/	
	定量指标	70%	销售额	30	100万元/月	实际值/目标值×100%
			利润率	25	≥15%	每降低1%扣除2分
			老客户流失率	20	0流失	出现流失本项0分
			资金回笼率	15	100%	实际值/目标值×100%
			新客户开发量	10	1个/月	新增满分、不增0分

图10-5 考核指标权重分配

六、绩效考核主体的选择

考核主体，乃一书面化之称谓，实则即指考核者、考评者或执行考核之人员；此等称呼，同义而异名，皆指向为他人评分之主体。正如众多企业对业务员岗位之多样命名，改革开放之初，跑业务、营销售卖之人员，统称为业务员；其后，称谓日益丰富，如业务经理、业务主管、客户经理、业务代表、营销经理等，虽名目繁多，实则均担纲业务员之职责。考核主体之概念，需置于与被考核主体相对之框架内理解，亦可视为考评者与被考评者间之关系阐述。

（一）绩效考核主体选择的原则

在绩效考核的实际执行阶段，常可见某职位的直接上级担任考核主体的现象，此类由直接领导作为评价者，对下属实施评分考核的模式，实为普遍且广泛应用之典范。此现象或许根植于人们的惯性思维之中，即提及下属考核，首先联想到的便是其直接上级作为最佳考核者，此思路与做法，在现实中确为多数企业所采纳，且实践证明其有效性。然而，需明确的是，此模式虽具广泛适用性，却非所有企业均能一概而论、照搬执行。

除此之外，关于考核主体的甄选范围实则相当广泛，在专业文献及咨询实践的深入探索中，我们发现并接触到的考核主体包括但不限于：直接上级、本部门及跨部门同事、本岗位下属、外部客户及供应商等多元化群体。那么，究竟何种考核主体更为适宜？针对绩效考核主体的选择问题，以下两点经验可供参考借鉴。

1.考核主体要熟悉被考评主体的工作内容

在选定考核主体的过程中，首要且核心的原则在于确保考评者对被考评岗位具备深入且全面的认知，这涵盖但不仅限于岗位的工作职责、运作流程、具体要求、核心任务及其关键环节、潜在易错点，以及该岗位所设定的工作目标与考核指标体系。唯有如此，考评者方能基于对被考核岗位全面而准确地把握，对被考评者展开既客观又高效的评分工作，从而确保考核结果的公正性与科学性。

2.被考核主体对考核主体的选择无异议并认可考评结果

关于考核主体的甄选，必须确保被考核主体对所选考核主体的选择无异议，并充分认可考评结果。此立场或许在初识时令部分读者感到困惑，实则此观点与结论根植于深入的咨询实践，具备高度的实用性与现实契合度。从心理学的维度审视，我们不容忽视一个核心要素：无论绩效考核采用何种形式与方法，其本质终归为人对人的评价过程，行为主体均为自然人。鉴于自然人固有的感性特质、思维能力及思想深度，个体间的行为互动难免涉及默契与排斥的复杂情感。特别是在绩效考核的情境中，若被考核主体对考核主体的胜任力或人选产生怀疑，认为其无法胜任或不适宜担任考评任务，则极有可能导致被考评者对考核结果产生排斥与否定情绪。因此，选择一位既获被考评者认可又具备充分考评能力的考核主体，其重要性不言而喻。

（二）不同的考核主体及其特点

在考核体系的建构中，考核主体的选定范围广泛而多元，其中，我们于咨询实践中所遇之考核主体主要包括：直接上级、部门内外同事、岗位下属、外部客户及供应商等。针对这些差异化的考核主体，其对于被考核对象的选取与适配策略，以及各自所独具的特性，后续将紧密结合咨询实践经验，展开深入且系统地阐述与分析。

1.直接上级

绩效考核通常由员工的直接上级或分管领导负责执行，这是企业中最普遍且首选的考核方式。在这一考核体系中，上级领导的角色可以进一步细分为以下几种领导关系：

一是考核主体应确定为被考评者的直接上级领导，此安排全面契合考核主体选择原则的各项标准。鉴于直接领导日常频繁与被考评者互动，涉及任务部署、绩效引导等关键环节，其对被考评者的工作实际有深入了解，故作为考核主体，其身份最为恰当。

二是另一考核主体可选定为被考评者直接上级的分管领导，即上级的上级领导。此处"分管"仅指对被考评岗位具有管理权及行政审批权限，而不深入介入具体任务分配、工作指导及绩效辅导等细致层面，可视为一种"松散型领导架构"。此种管理模式在大型集团化企业及国有企业中颇为常见。此分管式考核关系与直接领导考核的主要差异体现在工作管理与指导的紧密程度上，由于领导方式相对松散，故在绩效考核执行时，可能对主观性考核指标评分产生较大影响，而针对量化类考核指标，则需提供更加精确、详尽的考核依据及数据支持。尽管上述考核主体选择及其关系在企业绩效管理的实际应用中较为少见，但仍有部分企业采用此种模式。

2.本部门或跨部门同事

在日常考核中，考核主体通常由直接上级领导担任，尽管有时也会涉及本部门或跨部门的同事，但这种情况较为少见。此类考核要求考核者对被考核岗位的工作内容有深入的了解，并且与之有频繁的工作互动。只有满足这些前提条件，才能采用这种考核关系和方式。例如，人力资源部的薪酬管理专员需定期向财务部提交员工考勤、薪酬以及社保和公积金的核算数据。财务部的统计岗位负责接收这些数据，并与薪酬管理专员岗位保持日常的工作联系。因此，财务部的统计岗位完全有资格成为人力资源部薪酬管理专员岗位的考核主体。

此类考核主体的选定，亦可能衍生出若干弊端。鉴于财务部统计岗位与人力资源部薪酬管理专员岗位虽分属异部，却同处一域，日常工作中"同在一个屋檐下"，依据国人相处之道，易致财务部统计岗位在担当考核主体进行评分时，难免心存顾虑，进而可能削弱绩效数据的真实性与准确性，即信度和效度有所折损。

此类考核体系并非全然依赖考核者针对主观类指标至量化类绩效指标的全面评分。具体而言，考核者仅负责针对被考核主体各项指标中的一至两项或部分关键指标进行评判，而最终评分的综合汇总工作则需交由被考核主体的直接上级主管领导负责执行，以确保考核结果的全面性与准确性。

3.本岗位下属

关于考核主体的设置，以本岗位下属作为考核主体进行绩效考核的情况，仅在部分绩效管理类学术著作中有所提及，属于理论探讨的范畴。在实际咨询工作中，尚未遇到并直接参与过此类实践案例，也未基于特殊需求而采纳此方式。此观点更多地体现了考核维度的一种理论构想，而在现实操作层面的可行性尚待进一步验证与评估。

此种由本职位下属担任考核主体的理念，可追溯至360度绩效评价体系，诸多从事人力资源管理的同仁，应已熟知此考评模式。该体系倡导对考核对象的综合评价，涵盖上级评价、同级互评、下级反馈、外部客户评价乃至自我评价等多重维度。需明确的是，360度绩效评价体系的核心，在于衡量岗位任职者（即自然人）与岗位需求的契合程度，其本质系通过多维度视角，审视员工是否胜任岗位，其评价结果仅供参考之用。

360度评估的结果，不宜直接作为员工绩效的评判标准，更不应据此进行员工间的绩效优劣比较。换言之，此评估体系旨在辅助了解员工全貌，而非直接应用于绩效考核的量化指标。

4.企业外部客户

在涉及对外服务业务的企业或部门中，常采用由企业外部客户担任绩效主体的考核方式，此模式于实际绩效咨询领域内颇为普遍。具体而言，如家电生产与售后服务企业、汽车4S店、网购平台售后服务部门及企业服务热线管理部门等，均可能适用此方式。此类考核主体的显著特征在于，被考评者与考评者之间构成了明确的服务与被服务关系。外部客户作为考核主体，其评价结果不仅具备高度的信度与效度，还为企业提供了一种极为客观、公正的考核途径。同时，对于被考评者而言，此类评分结果亦易于接受，体现了考核的公正性与合理性。

在外部客户作为评估主体时，考核结果可能受到偏私或舞弊的影响，这种现象可被形象地称为"引导性评价"或"选择性评价"。例如，在网络购物中，若顾客因某些问题咨询商品，客服人员在处理咨询后，若顾客对售后服务感到满意，客服人员可能会鼓励顾客进行"售后服务满意度"评价。由于顾客体验良好，他们很可能在后续的回访调查中选择"1（非常满意）"这一选项进行评分。反之，若顾客的售后体验不佳，客服人员可能不会邀请他们进行评价。读者或许已经注意到，"售后服务满意度"在评估售后服务人员的工作表现时，实际上成为关键的绩效指标。

5.供应商

一般而言,与企业供应商保持紧密合作关系的核心部门主要包括采购部门及外购产品应用部门。采购部门在供应商询价、样品制作、批量采购、产品入库检验及款项支付等关键环节,与供应商展开深入交流;而外购产品应用部门则聚焦于产品的安装调试、交付培训、日常使用及售后维护等阶段,与供应商保持密切联系。

从实践层面观察,已通过 ISO 9001 质量管理体系认证的企业,均会遵循体系要求,每年度组织一次针对企业供应商的综合评价工作。然而,在咨询调研过程中,并未发现以供应商作为评价主体,对本企业客户进行考核评分的实际案例。这表明,尽管理论上存在供应商作为考核主体的构想,但在实际操作层面,其应用与探索尚待进一步深入与拓展。

七、绩效指标和考核标准确认和审批

在完成绩效目标、绩效指标、考核标准的确立,以及指标权重的分配、考核主体的选定等核心工作环节后,绩效计划的主体任务已趋完备。在正式签订绩效合同之前,企业中的考评方与被考评方均需对既有工作成果实施二次核查与审定。此过程应着重检验绩效指标的数量是否符合企业绩效考核的既定规范,每项关键绩效指标所附带的考核标准是否恰当,是否存在调整或优化的必要;同时,需细致考量定性类绩效考核指标与定量类关键绩效指标在权重分配上的合理性(此环节尤需企业管理层的审慎确认),以及各项绩效考核指标的权重与分值设定的科学性,确保无一疏漏。

在绩效指标与考核标准历经详尽核实并确认无误之际,人力资源部需严谨地将每位员工的考评指标与标准汇编成一份具备明确执行性的《绩效考评表》,随后呈递至各级考评主体进行逐一审批。待部门负责人或公司高层领导审核通过后,人力资源部将协同企业各部门,将《绩效考核表》内的各项内容与员工进行细致入微的逐项核对与确认。此外,亦可授权部门负责人与员工自行完成《绩效考核表》的确认流程,以确保考核工作的全面严谨与高效推进。

八、签订绩效合同

在此处所指的绩效合同,实为一种规范化的书面表述形式,其核心载体即为《绩效考核表》,此乃绩效合同的具体展现形态之一。具体而言,在绩效指标与考核标准的核定与审批过程中,员工已对经公司高层管理者或部门负责人审定确认的《绩效考核表》内容表示无异议,随后,员工在《绩效考核表》上的签字行为,即视为绩效合同的正式签订过程。

第十一章　绩效辅导

第一节　绩效辅导的概念

绩效辅导，（performance coaching，PC），乃绩效管理体系内绩效计划、辅导、考核及改进四大环节之关键第二环节。部分权威著作亦将此阶段冠以"绩效计划实施""绩效实施与控制""绩效辅导与跟踪"或"绩效监控"等称谓，旨在精准描绘其在绩效管理流程中的核心地位与重要性。

在理论维度上来说，绩效辅导系指管理者与员工在推进绩效计划实施过程中所进行的深入交流。此交流聚焦于探讨达成既定绩效目标与指标的工作进展实况，针对实现工作目标过程中可能遭遇的障碍与挑战，共同探寻并确立解决之道与策略。同时，还需对员工所取得的成就与存在的不足进行全面剖析，并明确管理者应采取何种有效举措，以助力员工高效达成既定的绩效目标。

从实际操作的层面来说，绩效辅导并非仅仅是绩效管理流程中第二个环节的专属产物，而是全面贯穿于绩效计划的制定、绩效辅导的实施、绩效考核的开展以及绩效改进的全过程。在各个阶段，绩效辅导虽形式与内容各异，但其核心作用始终贯穿其中，确保绩效管理工作的系统性和有效性。

绩效辅导作为绩效管理 PDCA 循环中不可或缺的第二环节，其定位常引发读者的深思与不解。部分读者疑惑，绩效计划在明确目标、指标及考核标准后,理应直接进入考核阶段,为何却前置了辅导环节?更有读者困惑于考核未启,辅导先行的安排。这些疑问源于未能理解绩效管理深刻内涵。

针对上述疑惑,阐释如下:绩效辅导紧随绩效计划之后,旨在避免管理者在目标设定后采取放任态度,仅待考核期末予以评分,此做法实为偏颇。作为企业管理者及考评主体,于绩效计划确立部门或岗位具体目标、指标及考核标准后,应持续关注员工动态,积极介入其实现绩效目标的全过程,协助解决途中遭遇的难题与挑战,引导其探索解决方案并清除障碍,同时提供必要的援助与支持,以确保考核期末能收获理想的绩效成果。

因此,员工在追求绩效目标的过程中并非孤军奋战,企业管理者的角色贯穿始终,需与员工并肩作战,自月初至月末、季度初至末,乃至年初至年末,均需密切关注其工作进展与方法,共同面对挑战,携手达成绩效目标,进而推动部门工作计划的顺利实施与企业战略目标的全面实现。

第二节 绩效辅导的内容

绩效辅导的关键在于管理者与员工之间持续的绩效沟通以及对绩效信息的系统收集。这两项核心内容贯穿了绩效辅导的整个流程，并且是整个辅导过程的重点所在。任何绩效辅导的实施都应紧密围绕这两个方面展开，以确保辅导的有效性和针对性。

一、绩效沟通

（一）绩效沟通的内容

绩效沟通是绩效辅导环节中不可或缺的一部分，管理者通过这一过程对员工的工作态度、方法、过程以及遇到的问题和障碍进行跟踪和面谈。它是实现绩效辅导目标、达成绩效辅导目的的手段。绩效沟通可按以下几种方法进行分类。

1.按照绩效管理的四个阶段对绩效沟通进行分类

绩效沟通构成了绩效辅导环节的核心组成部分。然而，通过对绩效辅导概念及其内容的深入理解，可以认识到绩效沟通并不仅限于绩效辅导阶段。从绩效管理的视角分析，其实际上贯穿于整个绩效管理周期，涵盖绩效计划、绩效辅导、绩效考核、绩效改进以及反馈这五个阶段。在讲解绩效沟通内容的同时，顺带从绩效管理的四个阶段角度对绩效沟通内容进行分类，如图11-1所示。

序号	阶段	沟通内容
1	绩效计划阶段	在绩效计划阶段,管理者与员工就以下内容进行沟通、讨论和确认：被考评者绩效目标的制定、员工关键绩效指标（KPI）的输出、员工绩效考核标准的制定（量化公式）和绩效管理制度的宣传等。这些内容的制定和确定,为后续绩效辅导工作、绩效考核工作、绩效改进和反馈工作奠定了基础,并以此开启了企业绩效管理 PDCA 循环"持续改进提升"的大门。
2	绩效辅导阶段	在绩效辅导阶段,管理者与员工在执行绩效计划的过程中,管理者要通过关注员工、观察员工、辅导员工的方式,与员工沟通并讨论有关达成绩效目标和指标的工作进展情况、对达成工作目标潜在的障碍和问题寻找解决的办法措施、对员工取得的成绩以及存在的问题进行分析、管理者如何做才能帮助员工有效达成绩效目标等事项。绩效辅导阶段的目的十分明确,就是通过持续的绩效沟通,纠正员工行为,帮助员工实现考核周期内的绩效目标。
3	绩效考核阶段	关于绩效考核阶段的绩效沟通存在两种观点：①单从绩效沟通的内容角度来看,在实际的绩效管理过程中,在绩效考核环节,管理者与员工不存在实质内容的单独沟通过程。②绩效而谈工作放在本阶段进行。绩效考核阶段的绩效沟通是向员工出示考核结果、提出工作改进意见和方法；确定下一个考核周期指标和标准。从咨询的实践经验来看,这两种观点都是对的。
4	绩效改进与反馈阶段	绩效改进与反馈阶段的绩效沟通是在绩效考核结果出来之后,管理者与员工就本次考核的结果、员工目标完成情况、绩效目标未能达成的原因以及下一考核周期绩效改进计划进行交流与沟通；并根据实际情况,对下一考核周期的绩效目标、绩效指标、考核标准进行适当的修正和更改。

图 11-1 绩效沟通体现在绩效管理四个阶段的内容

2.按照绩效沟通采用的形式进行分类

在绩效沟通过程中,管理者与员工的角色定位,谈话的形式和谈话的主导方存在差异,因此按照上述因素的差异,可进行如图11-2所示的分类。

序号	绩效沟通形式分类	沟通内容
1	单向指导式沟通	又称劝导式面谈,此种沟通方式适用于谈话参与意识不强的员工,对于改进员工行为和表现,效果是十分突出的。此沟通方式由于是单向性面谈,缺乏双向的交流和沟通,没有给下属申诉的机会。从现实应用来看,这种方式主要用于管理者劝说员工改变工作态度和行为。
2	双向倾听式沟通	此种沟通方式可以为员工提供一次与上级管理者进行交流的机会,也可用于管理者鼓励工作中受到挫折和产生不良情绪的员工。这种沟通方式能改进管理者与员工的关系,并通过沟通达成共识,找到改进工作的方法。
3	解决问题式沟通	此种沟通方式可采取单向沟通也可采取双向倾听的沟通形式,无论采用哪种沟通形式,其目的是一样的:通过沟通解决问题。管理者及时对员工工作中遇到的困难、需求、工作满意度等问题进行关注与反馈,并逐一解决。
4	综合式沟通	理论上,此种沟通方式的含义是将上述三种方式组合使用。

图11-2 绩效沟通形式分类

3.按照绩效沟通的方式进行分类

在进行绩效沟通时,管理者与员工之间的交流可能会受到多种客观条件的影响。因此,管理者需采取多种沟通手段,以确保沟通需求得到满足,并达成有效沟通的目标。依据咨询实践,根据绩效沟通方式的不同,可将绩效沟通划分为正式沟通和非正式沟通两大类别,详见图11-3。

类别	方法	内容简述
正式沟通	1.定期书面汇报	按照管理者要求，员工以书面形式，定期向管理者递交工作报告，如工作周报等。
	2.一对一正式会谈	管理者与员工单独就遇到的困难、问题进行面谈，找出解决方法。
	3.定期会议沟通	以周会、月会、季度会或半年皮、年度会议的形式进行绩效回顾、汇报和沟通。
非正式沟通	1.走动式管理	管理者以走访、调研、检查等形式与员工进行互动，了解员工绩效，发现和解决问题。
	2.开放式办公	管理者与员工当面沟通，把问题，困难和矛盾当面说清楚，直至找到合适的解决方法。
	3.工作间歇沟通	就是在餐前饭后等类似的非上班时间进行沟通的方式。
	4.非正式会议	类似聊天或平时谈话进行的沟通。

图 11-3 绩效沟通方式分类

审视上述三种绩效沟通的分类策略，首先，第一种策略基于绩效沟通的不同阶段进行划分，具体细节在绩效管理的各个环节——计划、辅导、考核、改进及反馈中均有详尽阐述，故在此不再展开。其次，第二种策略则是按照绩效沟通的形式进行分类，鉴于表格中已对其分类、定义及内容进行了全面解析，后续章节将不再重复。最后，对于第三种策略，即按绩效沟通的方式分类，尽管其字面意义浅显，表格中也仅做了简要概述，但值得注意的是，在绩效辅导的实际操作中，正式沟通与非正式沟通是两种极为关键且常用的沟通方式。

（二）绩效沟通的目的

1.管理者需要持续观察员工的工作行为和过程

员工唯有秉持正确的工作态度、采取恰当的工作行为、运用高效的工作方法，方能达成既定的绩效目标和指标。作为管理者，在日常的管理工作中，应不断发现、深入理解和紧密跟进员工在工作过程中遭遇的难题与挑战，从而确保工作目标与任务的圆满达成。特别是对于那些自我驱动力较弱、专业技能有待提升的员工，管理者更应给予特别的关注，通过持续的行为观察与深入沟通，助力他们克服障碍，达成绩效目标。

2.在员工完成绩效目标的过程中需要管理者提供帮助

绩效沟通的核心目的在于为员工提供持续的支持，帮助他们克服在达成绩效目标时遇到的各种问题和障碍。由于工作中的方法、技能、沟通和管理等方面的因素，员工常常会面临困惑和挑战。如果管理者对此置之不理，未能及时进行有效的沟通与协调，不仅会影响员工的绩效达成，还可能被视为管理者的失职行为。因此，管理者应主动与员工保持沟通，及时提供指导和支持，确保绩效目标顺利实现。

3.通过绩效沟通发现考核计划的有效性及需要改进的地方

绩效沟通在检验和提升绩效管理过程中扮演着关键角色。尽管在绩效计划阶段制定的指标和考核标准经过了严格的检查和确认，大多数内容可能是合理和科学的，但仍然存在无法完全保证准确性的可能性。绩效沟通为管理者和员工提供了一个双向反馈的机会，使他们能够在实际执行过程中共同发现绩效指标和标准中的不足和错误，并进行相应的改进。

结合咨询实践总结发现，在绩效辅导环节，针对绩效计划环节可能出现的问题和错误按照出现的频率排序，总结如下：

第一，绩效考核标准亟须改进，尤其是量化的公式。例如，某个指标的考核标准原先采用的是二元判定法，但在实际操作中发现，采用百分比法可能更贴合实际情况。这种情形频繁发生。

第二，考核指标的错误主要体现在其描述方式和适用性上。以员工缺勤率为例，在绩效计划阶段设定该指标时，它似乎毫无瑕疵，计算公式为：缺勤天数/应出勤天数×100%。然而，在绩效管理的实际操作中，员工们发现采用"员工缺勤次数"这一表述更为直观和恰当。此外，绩效指标库中对"员工缺勤天数"的定义为"员工迟到 30 分钟以上或一天未出勤均视为缺勤"，这一定义进一步强化了"员工缺勤次数"作为指标的适用性。

第三，在指标相关工作中，数据来源、提供人、检核人及提报时间等错误相对较少，但这些细节在实际咨询中频繁遇到，且难以完全避免。实践表明，不经过实际绩效模拟运行的检验，一些细微的问题难以显现；而只有通过绩效执行期间的持续沟通，这些问题才能得到有效地优化和完善。

4.绩效沟通也是对员工的一种激励手段

基于马斯洛需求层次论的视角，人的需求呈现出多层次的结构，其中物质需求仅是金字塔的底层，因此薪酬的激励效果有限。相比之下，危机、荣誉、使命、竞争、沟通等更高层次的需求能够激发员工更强的行动力。实践表明，沟通对员工的激励效果显著。在绩效辅导过程中，管理者通过持续关注和沟通，不仅能激励员工，还能让他们感受到自身工作的重要性和价值。这种持续的绩效沟通使员工认识到自己的工作对组织目标的贡献，从而增强了工作的意义和动力。

（三）绩效沟通的方式

绩效沟通是达成和实现绩效目标过程中一个重要的环节。为了实现绩效目标就必须进行绩效沟通，下面针对正式沟通和非正式沟通两种常用的绩效沟通方式进行重点讲解，如图11-4所示。

序号	类别	方式及名称
第一类	正式沟通	定期书面汇报
		一对一正式会谈
		定期会议沟通
第二类	非正式沟通	走动式
		开放式
		工作间歇式
		非正式会议

图11-4 绩效辅导阶段的沟通方式

1.正式沟通方式

正式沟通有三种方式,即定期书面汇报、一对一正式会谈、定期会议沟通方式。

(1)定期书面汇报

定期书面报告,顾名思义,是指以纸质文档、电子文件或电子邮件的形式,按照既定的格式或非固定格式(但必须包含所需内容)向管理层进行周期性工作汇报的一种方式。

在日常工作和绩效沟通中,周工作总结和月度工作总结是常见的书面汇报形式。尽管不同部门和岗位的汇报内容存在差异,但所有汇报都通常包含员工绩效考核目标的相关信息。例如,销售部门的汇报往往包括销售额、利润率、新客户开发以及客户维护情况等,而人力资源部门的汇报则涵盖市场招聘状况、人员招聘供需状态、实际招聘人数等。这种汇报方式不仅体现了岗位的具体工作进展,也直接或间接地反映了员工绩效目标的达成情况。

在咨询环节中,当谈及工作汇报的实施时,我们常常建议企业采用统一的模板格式。这样的做法背后,蕴含着丰富的正面效应。首要的一点,统一模板的应用能够确保员工提交的工作报告内容在格式与表述上的一致性,进而使得工作完成情况的记录更为规范化,为后续的绩效评估提供了公平且一致的基础。其次,通过标准化的模板,我们还能有效避免员工在汇报过程中可能出现的疏漏,使管理者能够全面掌握员工的实际工作进展与成果,从而更加精准地识别问题、提供指导,助力员工绩效的不断提升。

需要明确的是,尽管定期的书面汇报是一种有效的手段,但它确实存在信息更新的延迟问题。特别是周工作汇报的情况尚可接受,而月度、季度乃至年度工作汇报则可能导致显著的信息滞后。这种滞后的原因并不复杂:绩效管理的核心目的在于激发员工不断进步,而绩效沟通的宗旨在于通过及时地交流发现员工工作中的缺陷和不足,并与员工合作解决问题,以实现绩效的持续提升。因此,如果仅依赖月度、季度或年度的工作汇报来进行绩效沟通,由于信息反馈和汇报的延迟,管理者将难以及时纠正员工的工作问题或提供必要的帮助。鉴于此，书面汇报作为周工作汇报的手段是恰当的，而作为月度工作汇报的手段则可根据岗位需求选择性使用，至于季度或年度工作汇报，则通常不适宜作为绩效沟通的主要方式和目标。

（2）一对一正式会谈

一对一正式会谈指的是管理者与员工针对绩效目标实现过程中遇到的问题进行直接对话。在这种会谈中，管理者和员工能够深入探讨员工在追求绩效目标时遭遇的难题、障碍以及所需的协助，共同寻找解决方案，并达成一致意见。

一对一正式会谈可以采取多种形式，包括面对面交流、视频会议、电话沟通，甚至是通过QQ或微信的语音或短消息。尽管沟通渠道各异，但它们的共同目标是通过一对一的交流方式，专门解决相关问题。这种绩效沟通方式的最大优势在于利用现代互联网和即时通信技术，使绩效沟通变得更加灵活和高效。员工在达成绩效目标的过程中遇到问题时，可以随时通过语音或视频请求主管的帮助，不受时间和场合的限制。类似地，管理者也能够即时通过电话、语音或视频联系员工，及时纠正错误并提供指导，确保员工采取正确的方法达成目标。这种一对一的沟通方式不仅高效、无障碍，而且无需额外的硬件设施，是一种非常普遍和有效的绩效沟通方法。

（3）定期会议沟通

定期会议沟通，是管理者组织部门全体或部分员工，在实体会议室或利用视频技术召开的会议，旨在定期审视并讨论部门在追求绩效目标过程中所遇到的各种挑战。值得注意的是，当采用定期会议沟通模式时，管理者通常会聚焦于那些在实现绩效目标过程中普遍存在的、共性的问题，进行深入的分析与讨论。

在绩效咨询实践中，许多企业通过定期会议形式进行绩效沟通，包括周例会、月度工作例会、季度例会等。在这些会议中，管理者要求与会者逐一发言，分享在达成绩效目标过程中遇到的问题和障碍，并提出需要的支持。管理者随后与与会者共同探讨解决方案，并达成共识。为了提高沟通效果，建议企业在进行绩效沟通时采用固定的会议议程和流程,并通过 PPT 形式将问题可视化投影出来,这样可以更清晰地展示问题,促进更高效的沟通。

结合上述正式沟通的三种方式内容,下面对正式沟通的三种方式的优缺点进行对比,如图 11-5 所示。

沟通方式	优点	缺点
定期书面汇报	1.简单易行、信息全面 2.适用部门人数多的情况,信息传递效率比较高 3.在无纸化通信的现代社会成本比较低	1.过程难以控制,报告质量参差不齐 2.管理者回复工作耗时 3.缺乏情感交流和员工关怀
一对一正式会谈	1.员工积极性高、能够谈得更多、发现更多问题 2.有利于确保员工工作隐私,尤其是对绩效差的员工是一种合适的面谈方式 3.可通过网络形式随时随地进行及时交流	1.如果是面谈,时间成本高 2.有时可能会打乱对方工作节奏
定期会议沟通	1.更有利于上下级沟通,信息在部门内互通 2.有助于管理者掌握更多有关绩效的信息和状态	1.会议成本高 2.会议耗时 3.部门内不同员工对问题可能产生不同意见

图 11-5 正式沟通方法优缺点对比

2.非正式沟通方式

非正式沟通指的是在正式沟通渠道之外进行的信息交流与传递。此类沟通方式在满足管理者与员工之间沟通需求的同时,也对正式沟通渠道和内容的局限性进行了补充,构成了正式沟通的有益补充。在众多组织中,决策过程中所依赖的大量舆情信息,往往源自非正式沟通途径。

相较于正式沟通,非正式沟通的独特在于其对象、时间、内容等要素均未经历事前的规划与筹备。此类沟通模式依托于组织内部广泛而复杂的社会关系,这些社会关系超越了传统的部门、单位及层级划分的限制。

在诸多情境下，非正式沟通渠道传递的信息往往受到接收者的高度重视。这类信息通常以口头形式传播，不留下书面证据，许多不宜通过正式沟通渠道分享的信息，却可能在非正式交流中得到传达。常见的非正式沟通方式如图 11-6 所示。

序号	方式	说明	备注
1	走动式管理	走到能够观察到员工工作的地方，与员工交流，倾听并解决问题，记录员工的绩效表现	以不打扰员工工作为宜
2	开放式办公	主管人员的办公室随时向员工开放，员工随时可以找主管商量	为员工提供方便，加强沟通
3	工作间歇沟通	吃饭、喝茶时交流	沟通氛围比较轻松
4	非正式会议	聚餐、生日晚会、联欢会等非正式的团体活动	尽可能营造轻松、开放的气氛

图 11-6 非正式沟通方式分类

（1）走动式管理

走动式管理是一种常用的沟通方式，从字面意思解释，就是部门负责人在工作期间，通过实地走访员工的工作区域，以一种关怀、询问、协助的态度，主动为员工提供必要的支持或了解员工是否面临需要协助的情况。

走动式管理，实际上是对组织行为学理论的实践与应用。组织行为学是一门研究组织内个体工作心理活动及行为反应规律的学科，它综合心理学、社会学、人类学、生理学、经济学和政治学等多领域的知识，深入探讨组织中人的心理与行为规律。通过这些知识，旨在增强各级领导者和管理者的预测与引导能力，以更高效地达成组织目标。掌握这些理论知识之后，还需进一步研究和分析评价人的心理与行为的方法，掌握激发积极行为、转化消极行为的策略与技巧。最终目标是提升员工的工作能力，进而提高整个组织的工作绩效。

在管理操作过程中，领导者通过实地巡查与员工进行沟通，确保员工感受到来自管理层的重视与关怀。这种做法能够激发员工内心的积极性，进而对完成既定的工作目标产生正面影响。依据心理学及行为学理论，人类本性中存在对关注与重视的追求，而走动式管理策略恰好与这一人性特征相契合。

在实际操作中，走动式管理需要注意几个关键事项，以避免对员工产生负面影响。首先，走动式管理的核心在于通过与员工的接触和关心来减轻其工作压力，并激励其积极性，而不是单纯的走动式检查。如果管理者在实施过程中不注意方法，比如将询问员工的问题从"有什么需要帮助吗"转变为"工作完成了吗"，就可能变成一种隐形的工作检查和监督。这种做法可能会使员工感到额外的压力，从而削弱走动式管理的积极作用。因此，正确的走动式管理应以关心和支持为出发点，而非检查和监督。

其次，走动式管理应避免对员工的具体工作行为、工作方式、工作内容进行不必要的干预，除非这些行为、方式或内容违反了既定的规章制度或存在明显的错误。我们应持续对员工的主观能动性和专业判断保持信任，相信他们能够以自己的方法和思路，有效地完成工作任务，这符合人类追求卓越和自我完善的本质。

从行为学理论的角度来看，麦格雷戈的 Y 理论为走动式管理不鼓励过多干涉员工的行为提供了理论支持。根据 Y 理论，人们本性上喜欢工作，并渴望在工作中发挥自己的才能和创造力。大多数人愿意主动承担责任，并具备解决组织问题的能力。因此，在管理中应重视工作对员工的意义，鼓励员工参与绩效目标的制定。通过启发和诱导来替代命令和控制，用信任代替监督，可以更好地激发员工的内在动机和积极性。这种方法符合 Y 理论的观点，即人们在得到适当机会时，不仅喜欢工作，还愿意为工作承担更多责任。

（2）开放式办公

开放式办公有两种主要的理解方式。第一种是指管理人员的办公室对员工随时开放，允许员工在没有会客或开会的情况下随时进入办公室讨论问题。这种方式让员工处于较为主动的沟通位置，增强了主动性，同时有助于改善团队的整体氛围。第二种理解方式是指管理者与员工可以在任何时间、任何地点面对面沟通问题，以一种开放的姿态讨论和解决工作中的困难和矛盾。这种方式强调直接沟通，确保问题能够及时、有效地解决。

在一次管理咨询实践中，某家代理日本知名电机品牌的中国企业以其独特的开放式办公文化给人留下深刻印象。自创业初期起，该企业就倡导员工之间的平等相处，视所有人为共同的创业者，总经理更是鼓励员工直接称呼其名字，打破传统的等级界限。尽管新员工最初对此感到不适应，但在总经理的积极引导下，逐渐融入并接受了这种文化。这种开放和平等的沟通方式有效提升了员工的主动性，改善了团队氛围，为高效的绩效沟通奠定了坚实基础，最终使企业的绩效管理工作取得了显著的成功。

（3）工作间歇沟通

工作间歇沟通是一种在轻松的工作间隙进行的非正式交流方式，旨在通过自然的对话引出工作中的问题。相比正式会议，这种方式能够让员工更主动地提出问题，往往能取得更好的沟通效果。例如，男性员工在喝茶时的讨论或女性员工在休息时谈论日常话题时，顺便引入工作相关的问题，都是工作间歇沟通的常见形式。这种沟通不仅有效，还能营造轻松的工作氛围，使问题的解决更加顺畅。

（4）非正式会议

非正式会议，作为一种优质的沟通渠道，涵盖了诸如联欢会、生日派对、员工聚餐等多种非正式的团队活动形式。在这样的场合下，管理者能在更为宽松的环境中掌握员工的工作进展与潜在需求。同时，此类团队聚会也是识别并解决团队内部潜在问题的绝佳机会。

在职场中，员工往往因为面子问题而不愿在正式场合表达真实的想法，但在轻松的酒桌环境中，这种顾虑往往被放下。通过一次加班后的聚餐，企业总经理在与员工的轻松对话中获得了平日难以听到的真诚反馈。员工们在谈论家庭、生活的同时，也开始分享工作中的困难和对公司的建议。这样的非正式交流不仅拉近了员工与管理层的距离，还为企业的管理改进和绩效提升提供了宝贵的参考信息。

通过对正式沟通和非正式沟通各自特点的深入剖析，读者已经对这两种沟通手段的运用、内容及其适用环境有了全面地把握。但当我们从正式沟通与非正式沟通的两大维度出发，审视其在实际操作中的表现时，不难发现它们各自具备的优势与局限。基于丰富的咨询实践经验，我们对两者进行了深入的比较分析，结果汇总如图11-7所示。

沟通方式	优点	缺点
正式沟通	1.沟通效果较好，交谈相对正式、有仪式感、员工能够正视问题、有利于问题的改进 2.正式沟通的形式权威性强 3.信息沟通全面、问题能够得到深入分析，有利于作出正确的决策	1.相对于非正式沟通比较耗时、耗力 2.员工的沟通能力、表达能力、文字书写能力在一定程度上影响沟通的效果
非正式沟通	1.形式灵活，能够随时随地地进行，受到的影响因素和限制条件少 2.沟通很方便、内容广泛、形式灵活、沟通速度也快，而且还可以传播一些不便于正式交流的信息；能够满足员工心理方面的一些情感需求，还可以部分弥补沟通渠道的不足，和正式沟通相互补充	1.缺乏仪式感，可能让员工不够重视沟通的内容 2.信息缺少文字记录，不利于后期查阅 3.难以控制，传递的信息不确切，易于失真、曲解，而且它还可能导致小集团、小圈子的形成，影响人心稳定和团体的凝聚力

图11-7 正式沟通与非正式沟通优缺点对比

二、绩效信息收集

（一）绩效信息收集的内容

绩效信息，指的是在绩效考核环节，考评者针对被考评者在一个完整的考核周期内所完成的绩效任务和达成的绩效指标，进行评分时所依赖的数据和资料。这些数据和资料详尽记录了被考评者的绩效表现，是评估其工作成果的重要依据。而这些绩效信息的搜集与整理，则通常发生在绩效管理的辅导阶段，旨在为后续的评价提供全面、准确的参考。从绩效指标的分类来看，绩效信息收集可以分为以下两种情况和方式。

在探讨量化绩效考核指标时，我们首先关注的是信息收集过程。以人力资源部的招聘专员为例，该岗位的关键绩效指标之一是"招聘计划完成率"。计算这一指标的公式为：招聘计划完成率=（实际招聘到岗人数/计划招聘人数）×100%。为了准确反映招聘专员在这一指标上的表现，人力资源部负责人应在绩效计划阶段与员工共同设定具体的招聘目标，并在绩效辅导阶段收集关于实际招聘到岗人数的数据。这样，在绩效考核阶段，我们便能准确地计算出"招聘计划完成率"这一关键绩效指标的实际完成情况。

第二种情形聚焦于非量化绩效指标，即主观绩效指标的绩效评估信息收集。这涵盖了诸如执行力、沟通技巧、领导力等主观绩效指标的评估信息收集。在绩效管理的实际执行过程中，"关键事件记录法"是收集此类信息的主要且高效工具。简而言之，该方法要求管理者在日常工作中，通过细致观察和记录，捕捉员工在绩效辅导阶段展现出的正面与负面工作行为及其结果。这些记录，被统称为"关键事件"，为管理者在绩效考核环节，对员工的主观绩效指标进行打分时，提供了坚实的事实基础。

（二）绩效信息收集的目的

1.为绩效考核阶段工作提供事实和依据

绩效考核评分之际，无论是针对员工的主观性非量化绩效指标的评判，还是针对其量化关键绩效指标的打分，若要确保考评结果的科学性、客观性，并切实反映员工工作绩效的真实面貌，管理者就必须在绩效辅导过程中，细致入微地收集与绩效考核紧密相关的绩效信息。从绩效考核的实际执行效果来看，一家企业绩效考核结果的可信度与有效性，在很大程度上，是建立在其绩效信息的准确性和全面性的基础之上的。

2.为改进员工绩效提供了事实依据和参考数据

绩效信息收集不仅是为了准确进行绩效考核，还为员工的绩效改进提供了坚实的数据基础。在绩效辅导中，通过关键事件法或部门数据交换获取的量化数据和事实信息，不仅能够真实反映员工的绩效指标完成情况，还能帮助管理者分析影响绩效的原因，进而为员工提供有针对性的指导，从而提升整体绩效水平。这一过程确保了绩效改进的有效性，使员工在后续工作中更加高效。

以招聘专员的"招聘计划完成率"为例，该指标的考核公式是实际招聘到岗人数与计划招聘人数的比率。如果该指标绩效不理想，管理者需要查找影响因素。通过绩效信息的收集，可以发现主要影响因素包括实际招聘到岗人数的不足或计划招聘人数设定不合理。例如，招聘市场供需失衡、招聘渠道和薪酬问题，或目标设定过高等，都会影响该指标的完成情况。这种信息的收集和分析，为管理者提供了宝贵的参考数据，有助于识别问题原因并优化招聘策略，从而提高员工绩效。

（三）绩效信息收集的方法

绩效信息的收集目的涵盖主观类绩效指标与量化类绩效指标。为此，需要从这两个角度出发，深入探讨各自的绩效信息收集策略与方法。

1.主观类指标绩效信息收集方法

主观类绩效指标如执行能力、沟通能力和领导能力等,通常难以量化,信息收集常用关键事件记录法。该方法通过记录员工的优良和不良工作行为,从事实和事件的角度反映员工的主观指标表现。关键事件记录法通常由部门管理者使用,记录部门内员工的日常工作情况,形成原始数据用于考核。虽然企业可以根据自身需要调整记录表格,但其核心目的始终是准确记录员工的工作行为,以为绩效评估提供可靠的依据。

2.量化类指标绩效信息收集方法

(1)工作结果统计法

工作结果统计法是一种绩效信息收集方法,适用于对员工的岗位、主管领导或第三方部门提供的绩效数据进行统计汇总。该方法要求员工根据绩效指标库提供原始数据,考核者依据这些数据对员工进行评分。由于企业、部门和岗位的不同,统计内容和形式也有所变化,例如员工考勤、生产数量和客户投诉等。工作结果统计法通过系统地整理和汇报绩效数据,为绩效考核提供了明确的依据。

工作结果统计法是一种依据绩效信息收集特性而命名的方法,其核心在于通过员工、主管领导或第三方部门对特定岗位所涉及的产品或服务的数量与质量等绩效信息进行统计和汇总。在绩效评估过程中,根据绩效指标库的标准和要求,相关员工需向对应部门或岗位提供绩效评估所需的基础数据,以便评估者依据这些数据对被评估者进行评分。因此,绩效结果统计法涉及将关键绩效指标相关的绩效信息和数据按照既定格式和内容进行整理、汇总,并提交给数据使用者。鉴于不同企业、部门及岗位的特性,所采用的绩效信息亦有所差异,因此绩效结果统计法所涵盖的内容和形式亦不尽相同,包括但不限于员工考勤信息统计、生产量统计、合格品数量统计、入库数量统计、客户投诉数量统计等。

(2)抽查法

抽查法是一种适用于那些无法或不适合进行日常统计的特殊工作岗位和

内容的绩效信息收集方法。在实际实施过程中，通常以定期抽查的形式进行。例如，对于档案管理员岗位，其绩效考核指标如档案完整率和归类合格率，使用抽查法来评估效果较好。主管领导或第三方部门会定期进行抽查，并将结果作为考核依据。

从咨询实践来看，抽查法在实际应用过程中有两点建议和经验总结。

第一，抽查法在绩效信息收集中非常适用，特别是在跨地域管理或那些不便进行日常统计的岗位上。例如，对于跨国企业或集团公司，主管领导与员工可能不在同一区域，无法进行现场评估，此时可以采用抽查法对员工绩效进行评估。对于不适合进行日常信息统计的岗位，如档案管理，抽查法也是一种有效的方法，通过抽查具体工作情况来综合评估员工的整体绩效。

第二，对于使用抽查法收集的绩效信息指标，建议增加这些指标的分值权重。这是因为此类指标通过随机抽查而非日常数据统计收集，需要员工的主动性和自觉性。通过提高分值权重，可以促使员工更加积极地完成相关工作，同时向员工传递这些指标的重要性和领导的重视程度，从而增加员工对指标完成的主动性和自觉性，避免因未完成而受到严重惩罚。

（三）综合评定法

在企业中，针对特定职位或绩效指标的评估，常规的绩效信息收集手段有时可能不适用。在这种情况下，应采取针对性地解决策略，例如通过问卷调查、集体评议或会议决议等特殊方法来收集绩效信息。以行政部门的保洁人员为例，其工作绩效通常依据其负责区域的清洁状况来评定，主要考量因素包括清洁工作的速度和质量。在一般情况下，行政部主管可能会依赖关键事件记录法或员工投诉情况来作为评估的依据。然而，这两种方法可能无法全面反映员工的实际工作表现。因此，可以考虑采用问卷调查法来补充收集绩效信息。在问卷设计中，可以包含关于保洁员工作速度和质量的问题，通过这种方式，可以更全面地了解和评估保洁工作的实际成效。将问卷调查法与关键事件记录法相结合，便构成了综合评定法的一个实例。

（四）绩效信息收集过程中需要注意的问题

1.确定最佳信息提供渠道和对象

要提高绩效考核结果的信度和效度，关键在于绩效数据的有效收集和对接。选择最佳的信息提供渠道和提供者是保证数据质量的核心环节。在绩效实施过程中，数据可能由不同部门或同一部门的不同岗位提供，这对数据的客观性和真实性有显著影响。因此，确保选择合适的提供者，并确保数据的准确性和可靠性，是提高绩效考核结果有效性和可信度的基础。

比如，在考核生产部门班组出勤率时，数据来源的选择对绩效评估的准确性至关重要。车间主任提供的日常记录虽然能够反映出勤情况，但可能存在记录不完全或主观性的问题。而由人力资源部提供的数据，包括员工出勤打卡记录和安保人员的巡检记录，则提供了更系统和全面的数据来源。这些数据来源于多个渠道，且经过专业部门的汇总和审核，因此具有更高的信度和效度。总的来说，人力资源部的数据作为绩效信息的来源，能够更准确地反映班组出勤率，从而为生产部经理提供可靠的考核依据。

2.需要严格检查绩效信息的准确性和有效性

在企业绩效管理的实际运作中，确保绩效信息的真实性、准确性和有效性是至关重要的。特别是在绩效管理实施的初期阶段，由于参与者对绩效管理的方法、流程及制度尚不熟悉，因此在信息收集和数据整合过程中，容易出现信息不准确或失真的问题，这将直接影响绩效信息的有效性。

导致绩效信息不精确和失真的主要原因在于绩效信息收集者缺乏必要的意识，未能以严谨的态度对待绩效信息的收集工作。他们未能将绩效信息的收集视为一项重要且严肃的任务，反而将其视为工作之外的额外负担，这在很大程度上影响了绩效考核结果的有效性。其次，绩效信息收集的方法和渠道存在问题，亟须进行调整。

在企业的绩效管理过程中，尤其是在试运行阶段，确保绩效信息收集的准确性和真实性至关重要。为了维护数据的真实性，企业需要建立严格的处罚制度，对不提供、延误或谎报绩效信息的行为进行严肃处理和通报。这种制度旨在创造一个良好的信息收集和数据对接环境，尽管这种管理方式可能不为管理者所乐见，但它是确保绩效管理体系有效运行的必要手段。理想的情况是，员工和管理者都能以严肃认真的态度对待绩效管理工作，从而发挥其激励作用，并助力企业战略目标的实现。

3.建立绩效信息提报和对接机制是关键

综上所述，在企业绩效管理体系的运作过程中，绩效信息的搜集与数据整合至关重要，是核心环节，亦是挑战所在。企业绩效管理体系运作的成败，关键取决于绩效信息的搜集与数据整合的效率和准确性。因此，这一过程要求企业管理层与员工共同参与，共同制定策略，构建绩效信息的申报与整合机制。该机制的建立，是绩效管理工作的关键任务。

在建立绩效信息提报和对接机制时，有三个关键方面需要重点关注。首先，要制定科学且可实施的绩效信息收集方法，根据企业实际情况建立有效的绩效指标库，并对数据来源、数据提供者、数据审核者等关键信息进行慎重考量，经过反复比较后，选定最优质的信息来源渠道，以确保数据的准确性和可靠性。其次，从绩效推行之初就需要对员工进行思想意识的沟通、培训和宣传，使他们树立认真负责的绩效信息收集理念，从而为绩效管理工作奠定坚实的基础。最后，要建立完善的检核机制和处罚管理机制，通过流程上的严格控制和制度上的明确规定，确保绩效信息的真实性和有效性，并为绩效管理工作的顺利推进营造良好的环境和文化氛围。

第十二章 绩效考核

第一节 绩效考核的概念

在绩效管理的日常实践中,个体间对于绩效考核的理解往往存在偏差,导致分歧的产生。为有效消除这些差异,我们需要对绩效考核的核心理念进行更为深入地剖析。

一、绩效考核是绩效管理循环过程中的第三个环节

绩效管理的完整流程依次包括绩效计划的制定、绩效辅导、绩效考核以及绩效面谈与改进等环节;其中,绩效考核环节位于绩效管理循环过程的第三个阶段。然而,必须明确的是,绩效管理的这四个环节是依据绩效管理实施过程中各个阶段的任务特性而划分的。在实际的绩效管理操作中,这四个环节构成了一个统一的整体,它们相互衔接,循环不息,持续进行着优化与提升。

二、绩效考核的过程是考核评分的组织和实施

审视绩效考核环节的各项工作内容,其核心涵盖了考核信息与数据的汇

总整理、考核信息的提交与对接流程、考核评分的实施,以及考核结果的整合与深入分析。据此,我们可以理解,绩效考核的整个过程,实质上就是企业组织进行考核与评分操作的过程。

三、绩效考核和绩效管理是两个不同的概念

在企业绩效管理推进的进程中,不少人会将绩效考核与绩效管理两者概念混淆,视之为同一事物。一部分人错误地将绩效考核等同于绩效管理,这种误解并不罕见,且其根源可归结为长期的惯常用语所致。类似的问题在企业日常管理活动中亦屡见不鲜,例如,当有人问及:"贵公司的法人是谁?"此问实则存在概念混淆,因为"法人"实指一个组织体,而非具体个人,正确的表述应为:"贵公司的法定代表人是谁?"这恰恰体现了人们在语言使用上的习惯性误区。

第二节 绩效考核的实施步骤与内容

绩效考核的执行,是在特定时段内,系统性地达成预设任务链条的综合进程。此过程任务艰巨、时间紧迫,且强调跨部门、跨岗位的紧密协作与无缝对接。通过对绩效考核各环节特征及其功能效应的细致剖析,我们可将其实施路径细化为三大关键环节,并依次递进,分别为:考核数据的精确收集与高效整合、绩效分数的公正评定与面谈反馈的深入展开,以及考核结果的全面上报与申诉流程的规范处理。

为了清晰、明确且直观地理解绩效考核的流程和内容,请参见图 12-1 中的示例说明。

序号	步骤	主要活动	完成时间	负责人
第一步	考核数据统计与数据对接	1.各部门统计本部门考核数据和记录 2.各部门汇总和提供考核数据给对口部门	2日前	各部门数据提供人
第二步	绩效评分及绩效面谈	1.考评人根据被考评员工的考核指标、计划完成情况，进行绩效评价 2.进行绩效面谈，向员工出示月度考核结果，提出工作改进意见和方法；确定下一个考核周期指标和标准	3日前	考评人、被考评人
第三步	考核结果上报及申诉处理	部门负责人将员工考核结果上报给绩效考核执行小组（人力行政部）	4日前	部门负责人

图 12-1　绩效考核步骤及内容示例

一、考核数据统计与数据对接

根据图 12-1 所示，在绩效考核流程中，数据统计与对接构成了考核的初始阶段。这一阶段涉及两个主要方面：首先是各部门负责收集和记录考核数据；其次是各部门需汇总这些数据，并将其提供给相应的对接部门。

（一）各部门统计的考核数据和记录

绩效考核的核心在于依据翔实的考核记录，对员工的工作态度、行为表现以及绩效成果进行全面评估。因此，在绩效考核的启动阶段，各部门需依据绩效指标库中的既定标准，搜集并整理关键事件记录和基础考核数据。此外，按照绩效指标库的数据对接规范，向相关部门提供必要信息，这一点构成了本阶段工作的核心。

在本阶段的数据采集过程中，必须特别强调一点：所有参与数据收集的人员，必须以严谨的态度和"对自己负责、对他人负责、对结果负责"的原则,完成数据的采集和统计工作,确保绩效考核记录和数据的真实性、准确性、完整性。

考核记录和考核数据是绩效管理工作的核心基础,其真实性和准确性直接决定了绩效考核的效度和信度。真实、准确的考核记录和数据能够推动绩效管理工作的良性发展,确保考核结果的公正性和有效性。然而,若考核记录和数据存在错误,就可能使绩效考核工作陷入困境,影响员工的工作积极性,甚至引发大量绩效申诉。这种情况的主要原因通常是考核记录和数据的真实性和准确性出现了问题。因此,确保考核记录和数据的准确性是保证绩效考核公正和有效的重要前提。

(二)各部门汇总考核数据并提供给对口部门

在绩效考核记录与数据收集工作完成后,各部门应负责将所收集的考核记录及原始数据进行汇总、分类及制表,并提交给数据审核人员。经过二次审核确保数据及内容的准确性后,应依据预先设定的绩效考核《采集表》格式,将最终的绩效考核记录与数据上报至数据接收部门。

数据接收部门在处理绩效考核数据《采集表》时,可能会遇到两种情况。如果接收到的数据和记录没有异议,数据接收部门则按照既定程序进行绩效评价。相反,如果数据存在异议,接收部门需要与数据提报部门沟通,解决数据对接中的问题,或要求提报部门修订数据并进行二次提报。这一过程确保了数据的准确性和评价的公平性。

二、绩效评分及绩效面谈

(一)绩效评分

绩效评分过程涉及考核者根据被考核者在考核周期内的态度和行为表现进行评价。评分依据包括考核部门自己收集和整理的数据,或来自对口部门的考核记录和数据。绩效评分实际上是对绩效管理过程中沟通交流的狭义理解，旨在通过全面的评估和打分反映员工的绩效指标。

在绩效评分阶段，重要的是要认识到《绩效考核表》中的绩效考核指标通常被划分为两大类：非量化（主观）指标和量化指标。因此，绩效评分也相应地分为对非量化（主观）指标的评分和对量化指标的评分。

一是针对非量化（主观性）绩效考核指标的评分，其核心依据在于对被考核者日常关键事件的详细记录，这些记录由考核者所在部门或其他相关部门提供。在进行评分时，应严格依据考核记录，并参照既定的绩效考评标准，以确保评分的客观性和公正性。在此过程中，尤其需要警惕，避免陷入非量化指标评分常见的严苛误差与宽松误差的误区。

二是针对量化类绩效考核指标的评分，考评人员直接参考由本部门或对口部门提供的绩效考评原始数据来执行评分操作。一般而言，只要这些前期收集和提供的原始数据能够保持高度的准确性和真实性，那么量化绩效考核指标的评分结果就能够在信度和效度上达到理想状态。

（二）绩效面谈

绩效面谈，是绩效考核中的关键环节，旨在通过考核者向被考核员工展示详细的考核成果，并提供针对性的工作改进建议与方案。同时，这一环节也强调考核者与被考核者之间的协作，共同确定并可能调整未来考核周期的绩效指标与评定标准。

1.考核者向被考核员工出示考核结果

在绩效考核的面谈环节，考核者首先需要将考评结果清晰地呈现给被考核者，并要求其逐项查看。在这一过程中，有些考核者会主动提供考评原始数据、评分依据和考虑因素，而有些考核者则不会。此外，被考核者可能会对部分或大部分考核结果提出异议。考核者在这种情况下需要做两件事：一是重申评分结果的客观性和准确性，确保考核结果的可信度；二是根据事实依据和原始考核数据，针对被考核者的异议进行详细面谈，以解决争议并提供透明的解释。

2.提出工作改进意见和方法

考核者在向被考核员工展示考核结果后，会主动征询被考核者对于本次绩效评估的看法、意见以及对未来工作计划的设想。通常，会出现两种情况。

第一，在绩效考核的反馈环节，被考核者通常会在看到考核结果后表达个人的感受和想法。大多数员工关注的是绩效评分较差的指标，并希望与考核者详细分析这些指标未达标的原因。例如，一个销售人员可能会解释销售目标未达成的客观问题，并提出改进计划。这种现象表明，员工对低评分的绩效指标往往已有预期，并会主动提出具体的解决措施。这一行为可以通过麦格雷戈的 Y 理论来解释，即人们天生并不厌恶工作，而是渴望在合适的机会下展示才华并改进自身表现。

第二，在绩效考核结果反馈过程中，一些被考核者可能由于性格、沟通习惯或上下级关系的影响，不会主动讨论绩效评分及改进计划。在这种情况下，考核者需要主动向被考核者解释绩效结果，并就表现较差的部分进行详细沟通。同时，考核者应询问被考核者下一考核周期的改进计划和具体措施。对于那些计划性较差或缺乏工作思路的员工，考核者可以主动帮助他们找出绩效指标低的原因，并提供一些切实可行的改进措施和方案，这种支持对于员工的改进和绩效提升是非常有效的。

在绩效考核结果告知员工后，一些员工可能因期望过高而出现情绪问题，如情绪低落或对考核结果的主观否定。此时，考核者需要以更加细心和耐心的态度进行沟通，帮助员工认清客观事实，并协助其找出问题及制定改进方法。通过持续的绩效面谈和周期性的 PDCA 循环，员工将逐步适应并理解绩效考核，从而积极接受并拥抱这一过程。

3.确定或修订下一个考核周期的考核指标和标准

在绩效考核流程中，绩效面谈的收尾阶段，明确或调整后续考核周期的评估指标与标准是不可忽视的一环。此环节的工作成效，直接关乎绩效管理体系 PDCA 循环能否实现持续的优化与改进。基于咨询实践经验，绩效面谈尾声对绩效指标的调整与修订，涵盖以下三个层面。

(1) 变更绩效指标

在绩效考核周期结束后，企业可能会发现某些绩效考核指标不再适合，需进行调整。这种情况在每家企业中都可能出现，但全员的绩效指标在一个周期结束后全部变更的可能性几乎为零。通常，个别岗位需要调整 1~2 项指标的情况较为常见，而需要调整 2 项以上指标的情况则较少。一般来说，变更的主要是量化类绩效指标（即结果类关键绩效指标），非量化类（主观类）绩效指标的变更则相对较少，通常会在半年或一年后进行组织整体的统一调整。

(2) 变更绩效考核标准

相比于绩效考核指标，绩效考核标准的变更频率较高，通常在每个考核周期内都会发生，某些特殊岗位甚至每个周期都会进行调整。这种变更并非因为绩效计划阶段标准制定不当，而是为了适应实际考核需求，通常是一种主动的调整措施。以业务员岗位为例，其销售目标达成率的绩效考核标准会受到季节性变化、产能波动、市场需求和竞争环境等因素的影响，因此目标销售额会每月不同。这种动态调整反映了绩效考核标准为了更准确地评估业务员绩效而进行的主动变更。

(3) 新增或减少考核指标

在绩效考核体系中，新增或减少考核指标是对既有绩效指标进行调整的一种方法。然而，无论是定性类还是定量类指标，这些变动通常都受到严格控制。以定量类指标为例，每个岗位的定量考核指标数量通常设定在 5 到 8 个，因此即使需要调整，也仅限于在这个范围内进行小幅度的增减。这种有限的调整幅度确保了绩效考核体系的稳定性和可操作性。

绩效面谈的时间安排可以因企业的规模、地域分布、行业特点以及运作模式等多种因素而有所不同，并不一定需要固定在绩效考核环节。有些企业可能因无法在短时间内完成所有绩效面谈，而选择将面谈时间延长，分散到半个月或一个月内完成。此外，还有企业将绩效面谈安排在绩效管理的最后阶段,即绩效结果应用和改进阶段进行,这种安排在实际操作中也被证明是适应企业实际需求的有效方式。

在完成上述绩效面谈流程后,被评估者已经清晰地认识到在当前评估周期内,其绩效目标的达成状况。对于那些表现出色的绩效目标,被评估者应维持现有的优秀表现;而对于那些表现不尽如人意的绩效目标,被评估者则需识别存在的问题,拟定相应的改进措施,并付诸实际行动。

三、绩效考核结果上报及申诉处理

(一)考核结果上报

在各部门绩效评分及面谈流程圆满结束后,需将评分成果连同评分过程中采集的考核记录(特别是关键事件记录)与详尽的考核数据,统一提交至企业绩效管理执行小组,以便该小组能够进一步对各部门的考核结果进行细致的审核与全面的检查。

特别提示:在绩效结果上报环节,有三个关键点需要在实际操作中予以重点关注。

首先,绩效管理执行小组负责审核各部门提交的考核结果、记录和数据。在审核过程中,若发现数据遗漏、不准确、伪造或缺少关键事件记录等问题,小组将启动调查程序。随后,根据《绩效管理制度》的相应条款,小组将要求相关责任人进行必要的更正或对其采取相应的处罚措施。

第二,考核记录(即关键事件记录)与考核数据的同步提交,与考核结果一并处理,是确保绩效考核完整性和准确性的核心环节。这些记录和数据不仅是评分过程的直接依据,也是绩效管理执行小组在复核评分结果时的重要参考。因此,若这些第一手资料未能完整保留,将会极大地增加绩效考核结果失真和失控的风险。

第三,各部门在提交考核记录和考核数据时,必须做到完整、真实、准确无误，尤其是关键事件记录。这实际上是通过一种反向激励的方式，促使各部门在绩效考核流程中，严格遵循既定的要求，按照《指标库》中的规范，全面完成日常绩效考核的记录、数据搜集以及整理工作。这样才能确保整个绩效考核工作的结果既有效又可信。

（二）绩效申诉及申诉处理

在绩效讨论与评估流程尘埃落定后，不论是面谈环节还是结果的呈报，员工仍有机会对绩效结论表达不满并提出申诉。此类申诉大多基于绩效沟通过程中的疑惑或不满，同时亦可能受员工个人情感及具体情况的影响，比如对直接上级领导方式的不满、对薪资内部公平性的质疑，乃至是流露出的离职意向等（所列原因仅为部分可能，非详尽无遗）。

绩效申诉及申诉处理的过程如下：在绩效考核阶段，当被考核人对考核结果不清楚或持有异议时，可以采取书面形式向绩效管理执行小组提起申诉，绩效管理执行小组就申诉问题进行调查，然后就申诉的事项作出说明。如果申诉人对说明不认同或者不满意，绩效管理执行小组则需要将申诉问题连同对问题的处理意见送交至绩效管理委员会进行讨论处理，在指定的时间内给出合理的解释或最终的处理意见，并由绩效管理执行小组将最终处理意见与申诉人进行面谈沟通。

在绩效考核过程中，如果被考核人对考核结果有异议，可以通过书面形式向绩效管理执行小组提出申诉。执行小组将对申诉进行调查并提供初步说明。如果申诉人对初步说明不满，申诉问题和处理意见将提交绩效管理委员会讨论。绩效管理委员会在规定时间内给出最终处理意见，之后绩效管理执行小组与申诉人进行面谈沟通，确保申诉问题得到合理处理。

第三节　绩效考核中需要注意的问题

一、企业需要建立正确的绩效管理导向

企业进行绩效管理的根本宗旨，是通过实施一系列的管理过程和方法，精准识别出员工在工作中存在的短板和绩效上的不足，进而与员工携手探寻影响绩效成效的关键因素，共同制定针对性的改进策略和实施方案，以促进员工业绩的持续攀升，并激发他们不断追求卓越。在此过程中，需特别强调，绩效考核并非为了惩罚，这一误区在考核初期就应与员工清晰沟通，避免造成误解。

遗憾的是，许多企业在推行绩效管理时并未取得预期成效，这主要是因为管理层与员工都将过多的注意力放在了绩效考核的结果上，而忽视了绩效改进与员工能力提升这一更为关键的目标。他们往往将绩效结果与员工的薪酬、奖金等直接挂钩，却未能实现通过绩效管理来推动组织绩效持续优化的初衷。

二、企业管理层应重视绩效考核工作并做好日常绩效考核记录及数据记录

许多企业尽管建立了绩效考核体系，但绩效管理工作却难以持久，这通常与管理层对绩效管理的重视程度不足有关。一些管理者在口头上支持绩效管理，但在实际操作中却常常缺乏行动，例如未能及时记录员工关键事件、搜集和汇总绩效数据。结果往往是到月底或年底才匆忙处理绩效考核工作，导致考评结果的主观性和效果差。这种状况反映了绩效管理坚持的难题，需

要管理层真正投入时间和精力,落实绩效管理工作的各项要求。

三、重视绩效考核环节,轻视绩效全过程管理

许多企业倾向于将绩效管理的重点放在绩效考核阶段,过度关注考核结果,而忽视了绩效计划、绩效辅导、绩效结果应用和改进等关键环节。这种做法往往源于对绩效管理知识的缺乏和对其理念的误解。绩效管理应当遵循PDCA循环,包括绩效计划、辅导、考核和改进等过程。成功的绩效管理依赖于对整个过程的全面、系统和有效地管理,而不仅仅是关注考核结果。

四、考核指标一成不变,不同部门共享一个指标

在企业咨询管理实践中发现,一些企业在绩效考核时存在指标长期不变的问题,并且不同部门之间共享相同的指标。这种情况不符合企业在不同时间段、不同部门的经营战略目标和计划的变化。绩效考核指标应根据考核周期的变化、部门的工作职责和企业的战略目标进行适时调整,以确保考核的相关性和有效性。除非有特殊原因,否则不同部门不应共享同一绩效指标,以便更准确地反映各部门的工作重点和责任。

五、拿绩效考核结果说事,损伤员工士气

企业实施绩效考核的初衷,并非仅限于薪资与奖金的分配,而是借助绩效管理体系,深入洞察员工的工作短板,并据此为员工量身定制成长方案,激励他们不断精进业务能力。企业应聚焦于绩效的改善与深入的绩效反馈讨论,同时,根据绩效考核的反馈,积极调整和完善人力资源管理工作,如岗位优化、能力培训,以及员工的心态辅导等,而非采取扣减薪资或奖金等负面手段,挫伤员工的积极性与团队精神。

第十三章 绩效改进与结果应用

第一节 绩效改进

一、绩效改进的概念

企业绩效管理过程遵循 PDCA 循环,从绩效计划、绩效辅导、绩效考核,到绩效改进和结果应用。在这一过程中,绩效改进不仅是当前考核周期的最后环节,同时也是下一个周期的起点。绩效改进的核心在于识别员工的工作短板,帮助员工找出绩效差距的原因,并与员工共同制定并实施改进措施,以不断提升员工的工作能力和绩效水平。

二、绩效改进的基本步骤

从管理咨询的实践角度出发,影响员工绩效提升的诸多因素错综复杂,而绩效改进的路径也是多种多样。通过对绩效改进的全面梳理与深入剖析,我们可以将其核心内容与实施流程精简为三大关键步骤:首先,精准定位问题所在;其次,量身定制解决方案;最后,紧抓实施过程,确保有效落地。简而言之,便是寻症结、定策略、促执行。

（一）分析员工的绩效考核结果，找出在绩效考核过程中存在的问题

为了成功推动员工绩效的改进，关键在于精准定位问题所在。管理者需借助绩效面谈与深入交流，与员工共同回顾考核周期内，员工在达成绩效目标过程中所遇到的迷茫、障碍及不足之处。这一过程对于识别并弥补员工的工作短板至关重要。

在绩效面谈过程中，管理者应根据对员工的了解，提出建设性的工作建议和意见，并与员工进行沟通和互动。如果员工善于表达并愿意主动交流，管理者应以引导为主，鼓励员工多表达自己。在这种情况下，管理者应多发问，员工多表述，为员工提供充分吐露心声的机会。这样可以帮助员工主动阐述工作中的困难和疑惑，并提供解决问题的方案。这种以员工主动表达为主的面谈方式，通常比管理者主导的提问式交流更有效，有助于找到问题的根本原因。

在此，有必要详细阐述一个关于绩效面谈的关键细节。鉴于企业可能遭遇的多种因素与状况，绩效面谈的进程有时无法在绩效考核阶段内如期完成。有时，这一流程的时间线会被推迟或延长，更有甚者，部分企业会选择将绩效面谈环节直接融入绩效改进阶段之中。

（二）制定适合的绩效改进计划，确保改进方案能够有效落实

在绩效面谈结束后，管理者和员工应共同识别和列出阻碍绩效目标达成的短板。根据实践经验，员工绩效考核中的常见问题可以分为两类：员工自身的能力和素养问题需要通过长期的教育、培训来提升，而工作方法和技巧的问题则可以通过短期内的改进和优化来解决。管理者应根据问题的轻重缓急，制定一个适合员工当前阶段的绩效改进计划。此时，制定的方案应以实用性为主，而不是追求最佳方案，确保能够有效解决当前面临的实际问题。

（三）在下一个考核周期的绩效辅导过程中，要重点落实已经制定的绩效改进方案

在绩效改进工作中，制定员工绩效改进方案是关键步骤，它为员工在下一个考核周期的工作内容、重点、方法和要求提供了明确的方向。员工需要全力以赴落实这些改进方案，因为这是决定是否能在下一个考核周期内达成绩效目标的关键因素。与此同时，管理者在绩效辅导过程中也起着至关重要的作用。为了确保员工能够有效地实施绩效改进方案并最终达成绩效目标，管理者需要提供充分的支持，包括知识、技能和资源的帮助。通过这种双向努力，可以有效推动员工的绩效改进和目标实现。

在员工实施绩效提升计划的过程中，管理者倾注了大量心血，通过传授专业知识、锤炼实践技能以及调配必要资源，全方位助力员工成长。若员工能够圆满执行并达成此计划所设定的绩效目标，收获显著的绩效成果，这不仅是对原先绩效表现有所欠缺的员工的一次巨大鼓舞，更将积极推动企业绩效管理体系的深化落实、年度工作计划的顺利达成、公司整体战略愿景的稳步实现，以及企业绩效文化氛围的持续提升。

三、绩效改进的方法

绩效改进工作遵循分析差距、识别原因、制定策略的流程和步骤实施。以下将针对分析差距、识别原因、制定策略，分别介绍几种不同类型的绩效改进方法，以便读者在实际操作中根据需要选择使用。

（一）分析工作绩效差距

1.目标比较法

即在评价周期内，比较员工实际完成的工作与设定的绩效指标，以探寻工作成效不足及存在的薄弱环节。

2.纵向比较法

纵向分析法是将员工在一个考核周期内的实际绩效表现及其与目标达成度的对比,与前一个考核周期的绩效状况及成果进行逐一对比,以此精确地评估和衡量员工的绩效成长、退步以及存在的绩效差异。

3.横向比较法

横向比较法是通过将员工在考核周期内的实际工作表现与平行部门、兄弟单位或相同岗位进行比较来评估绩效的方法。其有效应用要求被比较的工作内容和绩效目标具有高度雷同性和可比性。因此,尽管横向比较法提供了一种对比分析的途径,但由于其特定的前提条件,它的应用范围受到限制,并且存在一定的局限性。

(二)查明产生绩效差距的原因

绩效结果的差异并非偶然,而是由多方面因素综合作用的结果。

首先,员工自身条件是基础,包括性别、年龄、智力、能力、经验及阅历等,这些因素直接决定了员工在执行任务时的起点和潜力。

其次,心理成熟度条件同样重要,它涵盖了员工的个性、态度、兴趣、动机和价值观。一个心理成熟度高的员工,往往能更好地应对挑战,保持积极的工作态度,从而在工作中表现出色。

再者,企业外部环境也是不可忽视的因素。政策、经济、技术、社会文化等宏观环境的变化,以及客户、行业及市场、竞争对手等微观环境的变化,都会对企业的绩效产生直接或间接的影响。

最后,企业内部环境同样关键。资源、能力、组织、文化等内部因素构成了企业的核心竞争力,而品质、成本、交付期、员工士气、安全等管理要素则直接关系到企业的运营效率和效果。

此外,流程和制度的完善与否,也直接影响到企业的执行力和绩效表现。

(三)制定改进工作绩效的策略

1.预防性策略与制止性策略

预防性策略,即在绩效管理周期的初步阶段,主动与员工进行绩效沟通与辅导,清晰地向员工阐述工作执行的具体要求及改进方向。

制止性策略,即在绩效辅导期间,密切关注员工的行为动态,一旦发现偏离正轨或不当的行为模式及工作方法,就立即采取措施进行纠正与引导。

2.正向激励策略与负向激励策略

正向激励策略主要依赖于一系列积极的鼓励措施,如对员工工作的正面肯定、增强信任、公开表扬、赋予更重大的责任,以及提供诸如奖金、提成、带薪休假、期权(或期股)等实质性的物质奖励,以此来激励和激发员工的潜能。

负向激励策略则侧重于采取告诫、批评、警告乃至书面警告等更为严肃的管理方式,以及罚款、降职、淘汰等惩罚性措施,以此对员工进行负向的激励。无论是正向激励还是负向激励,其本质和出发点都是激发员工的积极性和潜能,只不过方法手段有所区别。

3.组织变革策略与人事调整策略

在绩效考核过程中遇到问题时,企业可以采取组织变革和人事调整策略来促进员工绩效改进。这些策略包括组织架构调整、作业方式整改、人员配置调整和岗位调整等。原则上,这些策略是企业应对绩效问题的小规模调整,只有在企业面临较为严重的绩效管理问题时,才会实施这些变革行为和措施。

四、绩效改进计划的制定

绩效改进计划的制定并没有一个固定的模板,它会根据个人、企业、企业的发展阶段以及管理水平的不同而有所差异。每家企业都应根据自己的实际情况,制定出既符合企业需求又满足员工实际的改进计划。因此,对于绩效计划的制定，无法提供具体的步骤和方法。

结合咨询实践，以下将总结绩效改进的基本原则和绩效计划制定过程中的关键点，为绩效计划的制定提供一些思路和参考，以供读者在实际操作中参考使用。

（一）绩效改进内容选取的原则

一是重点改进员工的绩效不足之处，通过绩效沟通明确需要改进的短板。

二是从员工主动愿意改进的领域入手，因为这样能够激发其改进工作的动机。

三是优先选择容易见成效的改进方面，快速取得成果不仅能带来强烈的成就感，还能推动进一步的改进。

四是要衡量绩效改进所需的时间、精力和费用，确保选择最合适且最具成本效益的改进方向。

（二）绩效改进的四个注意事项和要点

绩效改进计划的核心在于促进员工行为、知识及技能的全面升级，进而达成既定的绩效目标，并在此过程中提升员工的整体工作能力。为达成这一目标，制定绩效改进计划时需着重关注以下方面。

一是激发员工内在的意愿，即促使他们产生自我改进和变革的动机与愿望。

二是提供必要的知识与技能，确保员工理解他们必须执行的任务、执行的方法以及达到的标准。

三是营造绩效改进的氛围和环境。在推动绩效改进的过程中，必须为员工构建一个鼓励他们追求卓越的工作环境。管理者在塑造这种积极氛围方面扮演着关键角色。例如，面对可能因恐惧失败或缺乏自信而犹豫不决的员工，管理者应当伸出援手，帮助他们树立信心，并提供必要的方法指导，以便他们能够顺利实现绩效的提升。

四是制定奖励措施。从心理学的层面分析，人类具有趋利避害的本能。在绩效改进的过程中，如果员工能够通过改进绩效获得相应的奖励，那么他们将会更加积极和主动地调整自己的行为。因此，构建一套完善的奖励机制，是推动绩效改进工作取得成效的重要手段。奖励的形式主要分为两大类：物质奖励与精神激励。物质奖励通常涵盖加薪、奖金以及福利待遇的提升；而精神激励则包括信任、表扬、赋予更多职责与权限等。企业应当结合自身的实际情况和特点，量身定制出适合自己的奖励方案，以更好地激发员工的积极性和创造力。

第二节 绩效结果应用

一、绩效考核结果应用的概念

绩效考核结果应用旨在通过对员工绩效成绩的横向对比，激励表现优秀的员工，并对绩效不佳的员工实施负向激励，从而共同推动企业战略目标的达成。对绩效优秀的员工，企业应给予各种形式的奖励和激励，以维持其积极性和努力程度。而对绩效较差的员工，则应进行负向激励，以促使其改进。同时，通过分析绩效考核结果，企业可以识别和纠正绩效管理中的问题，优化管理过程，最终实现企业战略目标和经营计划。

二、绩效考核结果应用的方式

在企业管理咨询服务的过程中，绩效结果常被视作重要依据，应用于薪酬管理、奖金激励、岗位变动、培训规划及职业发展等五大领域。其中，将绩效结果应用于薪酬管理领域，是最为常见且关键的一环。具体如下。

（一）薪酬管理

绩效考核结果在薪酬管理中的应用是企业绩效管理的关键手段之一。企业通常根据员工的绩效考核结果对薪级和薪档进行调整：绩效优秀的员工薪级和薪档上调，以激励其持续努力，而绩效表现较差的员工则会面临薪级和薪档的下调，作为警示和负向激励措施。此外，绩效考核结果还与员工的绩效工资和管理者的风险效益年薪部分挂钩，决定了绩效薪酬的多与少。这种薪酬调整方法从外部公平、内部公平和自我公平的角度出发，通过绩效考核实现薪酬水平的自我公平，确保员工的薪酬待遇与其实际绩效相匹配，从而激励员工提升工作表现，促进企业的整体发展。

（二）奖金分配

在薪酬管理中，奖金分配是绩效考核结果应用的一个重要分支。奖金分配与薪级和薪档调整有所不同，其资金通常来源于企业的业绩目标达成和超额经营业绩。奖金分配依据员工的绩效考核结果（如分数区间或部门排名）和总体奖金额度来确定。这种方式类似于"分蛋糕"的过程，其中奖金总额作为"蛋糕"，而每位员工根据其绩效考核结果分得相应的奖金份额。通过这种方法，企业能够有效地将员工的绩效成果与奖金激励相结合，进一步推动员工的积极性和企业的业绩提升。

（三）岗位调整

企业在处理绩效考核结果时，通常将其作为晋升和调岗的重要依据。对于绩效考核结果连续优秀的员工，企业在有岗位空缺时，会考虑对其进行岗位调整和晋升，这不仅提升了员工的职称，也通常伴随薪级和薪档的上调。相对而言，对于绩效考核结果连续不佳的员工，企业则可能会采取调岗、调整职级或薪档等措施。这种基于绩效考核的管理方式确保了企业能够在激励优秀员工的同时，对绩效不足的员工进行适当调整，从而优化整体团队的绩效和企业的运营效果。

（四）培训开发

员工的培训与开发是企业利用绩效考核结果进行深层次应用的关键策略，旨在长期提升员工绩效。管理者通过分析员工的绩效考核结果和关键事件记录，识别出员工在能力和岗位胜任力方面的差距。基于这些差距，企业提供持续、专业且定向的培训，涵盖素质、知识和技能，以帮助员工提升能力、改善绩效，并持续成长。建立一个完善的培训与开发体系，能够有效支持员工达到岗位胜任能力要求，从而推动整体绩效的提高和员工的职业发展。

（五）员工职业发展规划

企业在追求战略目标的同时，也是在助力员工实现个人职业发展的旅程。卓越的绩效评估体系以及与之相匹配的激励机制，构成了员工职业规划与成长的坚实后盾。借助绩效评估的成果，我们能够确保那些能力出众的员工得到晋升，而表现不佳的员工则得到相应的调整，从而形成一种优胜劣汰的职业发展环境。在员工展现出高绩效的同时，他们也极大地推动了企业的同步进步，实现了双方互利共赢的局面。

三、绩效结果在薪酬管理中的应用及实践

无论企业对绩效结果的应用程度如何，绝大多数企业倾向于将绩效考核的结果应用于薪酬调整和绩效工资的发放。基于咨询实践的经验，以下将重点阐述绩效考核结果在这两方面的具体应用。

（一）绩效考核结果应用于薪酬调整

员工薪酬调整通常会以两种情况出现：一种情况是由于员工职位晋升或降职，这种方式通常情况下直接调整职级和薪级；另外一种是员工考核成绩

优异或考核成绩较差,在不调整岗位的前提下,对员工的薪级和薪档进行调整。但无论上述哪种情况都是基于员工的绩效考核结果而确定的,因此,职位调整、薪酬调整是公司对员工年度绩效考核结果的一种常见应用方式,其目的是激励员工并用于满足员工的职业发展需要。

薪酬调整主要依据员工的年度绩效考核结果,通常通过调整薪级或薪档来实施。例如,有些企业根据绩效等级对薪档进行调整,绩效考核结果为 A 的员工薪档上调 2 个等级,结果为 B 的员工薪档上调 1 个等级。也有企业根据绩效等级规定薪酬上调幅度,如绩效考核结果为 A 的员工薪酬上调 20%~30%,结果为 B 的员工薪酬上调 5%~10%。通常情况下,年度绩效考核成绩主要用于薪酬调整,且企业可能将职级调整与职位晋升同步进行,以确保员工薪酬调整与其绩效表现相匹配,从而激励员工并促进其职业发展。

需要明确的是,职位晋升和薪酬调整与绩效管理的关联性,依赖于企业职位体系或职业发展通道的支撑。这样,员工才能清晰且明确地认识到,优秀的工作表现能够为他们带来职业路径的提升和发展。

(二)绩效考核结果可以应用于绩效工资发放

绩效考核结果的应用通常体现于绩效工资(奖金)的分配中,这是一种普遍且常见的做法。为了详细阐述"绩效考核结果与绩效工资(奖金)挂钩"的具体实施方式,我们可以参考之前讨论的绩效考核分数及其对应等级,以及绩效考核分数与绩效等级的对照表(参见图13-1)。基于此表,我们可以设定一个模拟的绩效系数,以进一步说明这一过程。

考核等级	优秀(A级)	良好(B级)	中等(C级)	合格(D级)	不合格(E级)
考核得分	100~91	90~81	80~71	70~61	60及以下
绩效工资兑现系数	1.2	1.1	1.0	0.8	0.6

图 13-1 绩效考核分数与绩效兑现系数对照

从企业薪酬管理的维度出发，众多企业针对绩效考核成绩优异的员工，会在月度或季度周期内及时发放绩效工资或奖金。这一过程严格遵循绩效考核结果所对应的绩效工资系数进行分配，以确保激励机制的时效性和有效性。概括而言，绩效工资的核算方法主要包含直接计算法及绩效系数法两大类别。

直接计算法指的是根据员工当期的绩效考核评价得分直接来确定其绩效工资金额，其计算公式为：绩效工资=绩效工资基数×（当期绩效考核分数/100）。例如，在某公司中，绩效考核的分数范围从 0 到 120 分不等，其中优秀员工的绩效工资有机会达到其绩效工资基数的120%。一名人力资源部绩效专员的月薪总额为10000元，当期绩效考核得分为110分。按照公司规定，此员工归类为普通员工，其绩效工资占月薪的比例固定为30%，即3000元。利用上述公式，可以计算出该员工当期的实际绩效工资为：3000 元 ×（110/100）=3300 元。

绩效系数法是一种根据员工的绩效考核分数，依据既定的绩效兑现系数来确定绩效工资发放额度的方法。在绩效系数兑现之前，需要进行考核结果的强制分布，以确保绩效工资的公平性。最终，员工的绩效工资金额是通过绩效工资基数与当期绩效工资兑现系数的乘积来核算的。

计算公式如下：

绩效工资 = 绩效工资基数 × 当期绩效工资兑现系数

为了便于操作，可以参考图 13-1，根据绩效分数的排名，将分数区间划分为 A、B、C、D、E 五个等级，并为每个分数区间等级分别设定 1.2、1.1、1.0、0.8、0.6 的绩效系数。具体的对应关系详见图 13-2。

考核得分	考核等级	绩效工资兑现系数	强制分布情况说明
100~91	优秀（A级）	1.2	绩效分数排名前20%
90~81	良好（B级）	1.1	绩效分数排名前20%~50%
80~71	中等（C级）	1.0	绩效分数排名前50%~80%
70~61	合格（D级）	0.8	绩效分数排名后10%~20%
60以下	不合格（E级）	0.6	绩效分数排名后10%

图 13-2　考核得分与绩效工资兑现系数对照

如表格 13-2 所示，若员工在当前的绩效考核中取得了良好（B 等级）的评定，其当期应得的绩效工资将按照公式"绩效工资基数 × 1.1"进行计算，这意味着员工将额外获得 10% 的绩效工资作为奖励。针对人力资源部绩效专员这一岗位，其月工资总额为 10000 元。遵循公司绩效管理制度的规范，该员工被归类为普通员工层级，其绩效工资占月工资总额的 30%，即 3000 元。根据之前提及的计算公式，可以推导出该员工当期的实际绩效工资为 3000 元乘以 1.1，最终得出 3300 元。

直接计算法的优点在于简单明了，员工的个人绩效考核结果直接影响他们的绩效工资，能够直观地反映出绩效的高低。这种方法适合强调个体贡献的企业文化，员工可以清楚地看到自己的努力如何转化为实际的收益。

绩效系数法则更注重相对绩效，即员工在组织内的表现如何相对于其他人。通过这种方法，企业能够在内部形成一种竞争氛围，促使员工在团队或公司内部尽力做到最好，以获得更高的绩效工资。这种方法有助于推动整体绩效的提升，但也可能会增加员工之间的竞争压力。

在选择这两种方法时，企业管理者需要考虑企业的文化、战略目标以及员工的激励机制。对于一些竞争性较强的环境，绩效系数法可能更为合适，而对于注重个人贡献和公平性的组织，直接计算法可能更有效。

绩效工资基数是基于岗位工资总额乘以绩效工资比例的数值，企业通常根据岗位的不同设定不同的绩效工资比例。管理人员的绩效工资比例高于普通员工,以此激励他们在关键岗位上做出更大贡献。通常,管理岗位的绩效工资比例范围在30%~50%之间,而普通员工的比例则在20%~40%之间。比如,某企业管理层和桦通员工层的绩效工资基数比例分别是:

$$管理人员绩效工资基数 = 月度工资总额 \times 30\%$$

$$普通员工绩效工资基数 = 月度工资总额 \times 20\%$$

此外,企业在计算绩效工资时,常使用绩效系数法,并结合强制分布法来确保绩效考核的公平性和竞争性。

四、强制分布法及其应用

(一)强制分布法的概念

强制分布法由杰克·韦尔奇提出,通过"活力曲线"理论将员工按绩效和能力划分为三类:A类表现优秀,获丰厚奖励和晋升;B类表现中等,视情况给予适当的工资提升;C类表现较差,面临淘汰。这种"271"分布旨在激励优秀员工并淘汰低效员工,以提升企业整体绩效。

强制分布法依据员工的绩效评分,将这些评分分配到一个预先设定的分布曲线上,从而使得绩效结果呈现出两端少、中间多的正态分布特征。通过这种方式,公司能够划分出不同的绩效等级,并据此确定各等级员工的数量及其在总体中的比例,具体可参考图13-3。

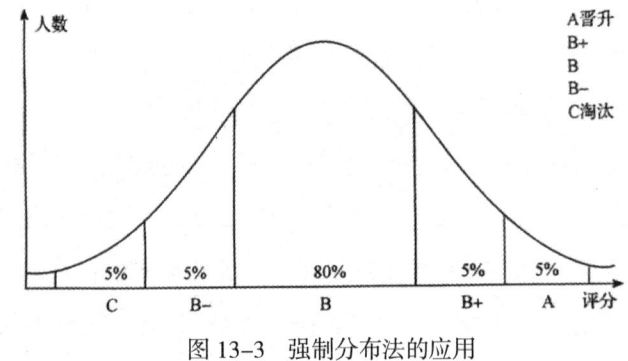

图13-3 强制分布法的应用

正态分布和强制分布法在企业中广泛适用，特别是当评价人员数量较多时。强制分布法能够有效防止绩效考评结果出现趋中和扎堆现象，这在考核标准不够量化且考评者受主观因素影响时尤为重要。尽管这种方法能够减少评分误差并改善绩效管理不完善的现状，但它并非最优选择，只是一种权宜之计。在使用强制分布法时，应考虑其适用性和潜在局限，以免产生不必要的副作用。

虽然强制分布法在一定程度上能有效管理企业绩效，但它过于简单粗暴，难以长久应用。要真正提升企业的绩效管理水平，应从根本上改进，如制定合理的绩效目标、精细化、准确化、定量化考核标准，并提高考核原始数据的统计和汇总质量。

（二）强制分布法应用案例

下面将举例说明绩效考核结果强制分布的用法，如图13-4所示。

职能部门考核等级	优秀	良好	中等	较差	不合格
强制分布比例	20%	30%	40%	10%	

图13-4 绩效结果强制分布应用示例

1.对企业各职能管理部门，依照绩效考核分数，实行强制分布

各部门绩效考核结果的强制分布需遵循以下准则：

（1）若各部门的考核结果符合上述表格所设定的强制分布比例范围，则该结果将被视为部门考核的最终执行比例与成果。

（2）若某部门依据考核分数所达到的合格人数超出了表格中预设的比例，将由企业的人力资源部门或绩效考核执行小组根据该部门的整体考核表现进行综合评估。随后，将超出比例的合格人数强制性地调整至下一考核层级，并以调整后的考核结果作为该部门的最终评定依据。

2.在各职能部门内部，按照部门绩效考核分数（即组织绩效）实行强制分布

（1）部门负责人的绩效考核等级与其所领导的部门的组织绩效考核等级

紧密相关。各职能部门负责人所获得的考核等级与其负责的部门的考核等级之间的对应关系，详见图13-5。

职能部门绩效考核等级	职能部门责任人绩效考核等级				
	优秀	良好	中等	较差	不合格
优秀					
良好					
中等					
较差					
不合格					

图13-5 部门绩效考核等级与责任人绩效考核等级对照

注：若某职能部门绩效考核等级为优秀，则该职能部门负责人的绩效考核等级为优秀或良好，以绩效考评执行小组最后核定结果为准（现实中会有其他因素影响最终结果）。

普通员工的绩效考核等级与其所在部门的绩效考核等级紧密相关。当参与绩效评估的部门员工人数超过15人（含15人），则该部门员工的绩效考核等级将遵循图13-6中规定的强制性分布比例。

部门绩效评定结果（部门员工超过15人）	部门内绩效评级比例分布				
	优秀	良好	中等	较差	不合格
优秀	20	30	50		
良好	10	20	65	5	
中等	5	15	70	5	5
较差	0	15	70	10	5
不合格	0	10	65	15	10

图13-6 强制分布比例（15人以上适用）

如图13-6所示，某部门在组织绩效考核中达到了优秀等级。根据强制分布的比例规则，该部门中，最多能有20%的员工被评为优秀，30%的员工可评为良好，而至少50%的员工需被评为中等。同时，按照四舍五入的计算方式，该部门没有任何员工被评为不合格等级。

若参与绩效考核的部门员工人数少于15人但不低于10人（不包括15人，包括10人），则该部门员工的绩效考核等级人数必须按照图13-7所示的强制分布执行。

部门绩效评定结果（部门员工少于15人但不少于10人）	部门内绩效评级分布（人数）				
	优秀	良好	中等	较差	不合格
优秀	2	4	剩余人员	0	0
良好	1	2	剩余人员	1	0
中等	1	1	剩余人员	1	1
较差	0	2	剩余人员	2	1
不合格	0	1	剩余人员	2	2

图 13-7 强制分布比例（10~15人适用）

若职能部门内参与绩效考核的普通员工数量未达到10人（即不包含10人在内），则该部门的员工绩效考核等级分配情况将依据图13-8的具体规定执行。

部门业绩评定结果（部门员工少于10人）	部门内评级分布（人）				
	优秀	良好	中等	较差	不合格
优秀	1	2	剩余人员	0	0
良好	1	1	剩余人员	1	0
中等	0	2	剩余人员	1	0
较差	0	1	剩余人员	1	1
不合格	0	1	剩余人员	2	1

图 13-8 强制分布比例（10人以下适用）

3.绩效结果公布

人力资源部最终根据员工绩效考核分数编制《绩效结果强制分布统计表》，报总经理审批后公布。

4.绩效考核结果与兑现等级对应概览

绩效考核结果与绩效考核兑现对应等级分布详见图13-1。

（三）强制分布法的特点

绩效管理作为一种管理工具，本身就充满争议，尤其是在使用强制分布时更是如此。企业在决定是否以及如何应用强制分布时，需要权衡其利弊。尽管强制分布的合理性常被质疑，但在企业推行绩效管理的初期阶段，这种方法依然有其不可替代的作用和应用空间。其独特的适用性使其在某些情境下能够有效推动企业绩效管理的落实。

1.等级划分明晰，操作流畅简易

强制分布法对员工的绩效考核结果进行精细化的等级划分，使得每个等级的含义一目了然，区分度极高。通过预设各等级的比例，并辅以流畅简易的操作流程，即可快速得出考核结果，极大地提升了工作效率。

2.更具激励作用和鞭策作用

强制分布策略紧密关联于员工的奖惩体系，通过清晰界定并强化正面与负面的激励导向，激发员工自我提升的内在动力，使他们能够积极主动地追求更高的工作绩效，从而在团队内部形成超越自我、力争上游的积极氛围。

（四）强制分布法的缺点与不足

毋庸置疑，众多企业和HR管理专家在绩效管理的实施中，均见证了强制分布策略的一定有效性。然而，当深入至具体操作层面时，这种方法的局限性也日渐显现。在实际应用中，它遭遇了一系列复杂问题，若未能妥善应对，很可能对企业运营造成不利影响。综合分析，这些问题主要集中在以下几个方面。

1. 团队合作问题

强制分布在绩效管理中的应用可能会导致团队内部关系紧张，因为管理者必须按照既定比例选出表现最优和最差的员工，这可能破坏协作精神，制造内部矛盾。此外，企业为了简化考核，常将人数较少的部门合并考核，这种做法虽然方便，但容易引发部门间的"分数斗争"，偏离了绩效管理的初衷，导致不健康的竞争文化逐渐形成。这种现象表明，强制分布在应用中可能带来负面效应，企业应谨慎权衡其利弊。

2. 公正性问题

绩效考核旨在衡量员工的实际工作成果与设定目标之间的差距，而强制分布则侧重于员工在部门内的相对表现。这种方法可能导致一些员工尽管被评为不合格，但这仅仅是相对其他同事而言，并不一定意味着他们不胜任工作。同样，一个在部门内被认为表现一般的员工，在其他部门可能会被评为优秀。这样的情况揭示了强制分布的局限性，部门内部的相对评价未必能够准确反映员工在全公司范围内的实际能力和价值。这种不公平现象表明，强制分布在跨部门比较中的应用可能存在偏差，企业应慎重考虑其合理性。

3. 管理成本问题

实施强制分布进行绩效评定可能导致部分员工主动离职，这包括绩效排名末尾的员工以及对强制排名机制持反对意见的员工。离职后，企业需要招聘新员工，这不仅涉及招聘过程，还包括新员工的培训和适应，这些都显著增加了企业的管理成本。正如松下幸之助所言，未经培训的员工是企业的巨大成本，因此，这种成本支出的增加使得强制分布的实施可能在财务上产生不利影响。企业应考虑这些潜在的管理成本，权衡实施强制分布的利弊。

4. 强制分布结果的应用问题

在管理咨询的实践中，强制分布结果的应用往往是最容易引发问题和矛盾的环节。

（1）末位淘汰难以实现

尽管强制分布在理论上与员工末位淘汰机制紧密相连，但在实际应用中，末位淘汰往往难以落实。企业管理者和人力资源部门通常对执行末位淘汰持保留态度，因为这不仅涉及敏感的人员调整问题，还可能引发用工投诉和劳动纠纷。此外，从政策角度来看，依据绩效考核结果进行末位淘汰的合规性一直备受争议，这进一步增加了实施该机制的难度。企业在使用强制分布时应谨慎，应充分考虑其实施的实际可行性和潜在风险。

（2）产生强制分布与结果应用本末倒置现象

在实际操作中，很多企业将强制分布的结果与员工的加薪和晋升挂钩，通常只有位于前 20%的员工才有机会获得这些奖励。这种做法会使得管理者在绩效评分时可能会提前考虑哪些员工符合加薪和晋升的条件，从而在评分过程中人为地调整结果。这种现象导致了真正优秀的员工，因为年限或其他原因不符合晋升条件而被动失去优秀评价。这种本末倒置的应用方式，可能使得绩效考核失去公平性，影响了员工的实际工作激励和评价公正性。

强制分布应被视为一种调整绩效考核结果的手段，而非绩效考核方法本身。如果企业能够制定科学、完善的绩效考核指标和标准，并确保每位管理者都能公正、合理地依照这些标准客观评价员工的工作表现，那么绩效考核结果将真实准确地反映员工的实际工作表现。在这种情况下，强制分布法就不再必要，因为系统本身已能有效地衡量和评估员工绩效。

参考文献

[1]张立军，李琼侯，小坤. 大数据财务分析[M]. 北京：人民邮电出版社，2022.

[2]陈芳亮. 企业绩效管理体系构建：方法·步骤·案例[M]. 杭州：浙江大学出版社，2023.

[3]郭永清. 财务报表分析与股票估值（第2版）[M]. 北京：机械工业出版社，2021.

[4]姚海鑫. 财务管理（第3版）[M]. 北京：清华大学出版社，2019.

[5]郑保卫. 财务数据治理实战[M]. 北京：清华大学出版社，2022.

[6]吴坚. 财务分析：挖掘数字背后的商业价值[M]. 北京：机械工业出版社，2019.

[7]李桂芬. 企业绩效考核和薪酬设计实务[M]. 北京：化学工业出版社，2021.

[8]任康磊. 绩效管理与量化考核从入门到精通[M]. 北京：人民邮电出版社，2019.

[9]付亚和，许玉林，宋洪峰. 绩效考核与绩效管理[M]. 北京：电子工业出版社，2019.

[10]孙科柳，蒋业财，解文涛. 华为绩效管理方法论[M]. 北京：中国人民大学出版社，2016.

[11]彭剑锋，尚艳玲. 用企业文化提升经营绩效[M]. 北京：北京燕山出版社，2021.

[12]朱学义. 大数据财务分析创新体系的构建[J]. 会计之友，2024（15）：58~65.

[13]李惠青. 大数据技术助力施工企业财务分析浅探[J]. 企业研究，2014（2）：101~102.

[14]景莲. 大数据下企业财务分析的优化研究[J]. 农村经济与科技，2021，32（22）：133~135.

[15]石道元,唐海森,王鹏. 企业数字化转型、融资约束与企业绩效[J]. 2024（9）：108~116.

[16]刘娅,干胜道. 财务共享、内部控制质量与企业绩效[J]. 财经问题研究，2021（5）：93~101.